为传统经典注入新的时代内涵

为新时代提供传统的营养源泉

中 华 名 著 导 读

旧史新读

中华书局《月读》编辑部 编著

大有書局
DA YOU BOOK COMPANY (BEIJING)

图书在版编目（CIP）数据

旧史新读 / 中华书局《月读》编辑部编著 . —北京：大有书局，2021.8
（中华名著导读）
ISBN 978-7-80772-042-3

Ⅰ . ①旧…　Ⅱ . ①中…　Ⅲ . ①中国历史—研究　Ⅳ . ① K207

中国版本图书馆 CIP 数据核字（2021）第 159499 号

书　　名　旧史新读
　　　　　　JIUSHI XINDU
作　　者　中华书局《月读》编辑部　编著
丛 书 名　中华名著导读
项目统筹　刘韫劼
策　　划　叶敏娟

责任编辑　叶敏娟
装帧设计　罗　洪
责任校对　许海利
责任印制　李　怡
出版发行　大有书局
　　　　　　（北京市海淀区长春桥路 6 号　100089）
综 合 办　（010）68929273
发 行 部　（010）68922366
经　　销　新华书店
印　　刷　北京盛通印刷股份有限公司
版　　次　2021 年 8 月北京第 1 版
印　　次　2021 年 8 月北京第 1 次印刷
开　　本　140 毫米 ×203 毫米　32 开
印　　张　7.375
字　　数　130 千字
定　　价　39.00 元

出版说明

大有书局是中共中央党校（国家行政学院）主管主办的一家中央级出版机构，为更好地融合传统文化与主题出版资源，我书局与中华书局合作，从其主办的《月读》杂志中精选一批历年来深受读者好评、以传统文化为核心内容的优秀作品，按照“人物故事”、“经典名篇”和“名著导读”三大类别编辑形成系列图书，希望其中包含着的修德立身精神、治国理政智慧有益于读者尤其是党政干部读者。

呈现给读者的系列图书，旨在古为今用，推陈出新。“人物故事”系列用时代精神讲述古圣先贤的生平、功绩、思想及贡献，希望能给读者提供现实借鉴；“经典名篇”系列汇集体现诸子文士思想精华的锦言妙文，有学习引用之便；“名著导读”系列以当下的视角解读中华传统经典名著，力图给读者以新解新知。

为满足读者的阅读需求，我们在整理过程中逐渐形成“突出经典，彰显从政智慧”的编选原则，在对大量原作进行归类整理、勘误校正的基础上，重点选择那些既与现实热点、大事大势结合紧密，同时又体现传统经典趣味性、知识性及思想性的文章。该系列图书力图做到小而美、精而雅，使传统经典常读常新，焕发新的阅读乐趣。

大有书局

2021 年 4 月

目 录

一 《国语》：现存最早的国别体史料汇编 001

《国语》是左丘明写的吗 002
关于《国语》的几个问题 005
韦昭作注：从史料汇编上升为史学著作 008
现代价值 010
经典诵读：《国语》选读 013

二 《战国策》：古代雄辩和谋略第一书 018

成书年代及流传 019
后世对《战国策》的评价渐趋公正 021
蔚为奇观的语言论辩艺术 024
经典诵读：《战国策》寓言故事三则 027

三 《晏子春秋》：一部记载晏婴事迹的专著　031

晏子与《晏子春秋》　032
“传记之祖”的艺术特色　035
现代价值　037
经典诵读：《晏子春秋》选读　042

四 《吴越春秋》《越绝书》：记载吴、越两国史事的重要典籍　046

《吴越春秋》　047
《越绝书》　054
《吴越春秋》和《越绝书》的比较　062
经典诵读：《吴越春秋》选读　064

五 《洛阳伽蓝记》：一部“拓跋之别史”　068

作者的姓氏、籍贯问题　069

创作年代及主旨　073
文注问题　076
现代价值　078
经典诵读:《洛阳伽蓝记》选读　081

六 《水经注》: 中国古代一部系统的综合性地理著作　084

这是一部怎样的书　085
郦道元为什么撰写《水经注》　087
郦道元的治学方法　092
现代价值　097
经典诵读:《水经注》选读　101

七 《大唐西域记》: 一部真实版的玄奘西游记　103

取经归来著成《大唐西域记》　104

出于政治使命感的编撰目的 107
现代价值 108
经典诵读:《大唐西域记》选读 111

八 《贞观政要》: 一部治国理政必读的"宝典" 114

为什么被誉为"治国宝典" 115
《贞观政要》为何有如此大的魅力 116
吴兢编这部书的目的何在 117
今人应从此书中学什么 118
经典诵读:《贞观政要》选读 122

九 《史通》: 中国第一部系统的史学理论著作 124

刘知幾——为史学的一生 125
体例和主要内容 129
《文心雕龙》对《史通》的影响 132
现代价值 134
经典诵读:《史通》选读 138

十 《唐才子传》：专为唐代诗人立传的著作　142

辛文房：诗人与传记作家　143
内容及编写目的　146
“成一家之言”的编写体例　149
写作特点和价值　153
经典诵读：《唐才子传》选读　157

十一 《通鉴纪事本末》：第一部纪事本末体史书　161

誉满士林的袁枢　162
袁枢为什么要编这部书　167
纪事本末体的创立及影响　173
经典诵读：《通鉴纪事本末》选读　176

十二 《廉吏传》：官员修身从政的上佳读本　180

中国古代对“廉吏”的重视　182
宋代费枢的编撰初心　185
明代黄汝亨增补续编　187
黄汝亨《廉吏传》的特点　190
经典诵读：《廉吏传》选读　195

十三 《三事忠告》：古代官箴中的经典之作　198

为什么会得到后世的推崇　199
张养浩为什么要编写这样一部书　201
对今人的启示　203
经典诵读：《三事忠告》选读　206

十四 《纲鉴易知录》:《资治通鉴》的精华版和扩充版 210

这部书为什么取名《纲鉴易知录》 211

吴乘权等人为什么要编这样一部书 212

为什么能得到后世的肯定和推崇 214

现代价值 216

经典诵读:《纲鉴易知录》选读 218

一 《国语》：现存最早的国别体史料汇编

《国语》是左丘明写的吗

《国语》是我国现存最早的一部国别体史料汇编，内容涉及先秦时期周、鲁、齐、晋、郑、楚、吴、越八国（周当时虽为中央王朝，实已与诸侯国无异），记事时间上起周穆王，下至鲁悼公，时代大致与《春秋》《左传》相同而稍长。

关于《国语》这部书，争议最大的是它的作者。

一种说法是，《国语》和《左传》都出自左丘明之手。这种观点的最早提出者是司马迁，他在《报任安书》中说："左丘失明，厥有《国语》。"西汉后期的刘歆，则首创"内、外传"说，认为《左传》是"《春秋内传》"，《国语》是"《春秋外传》"。东汉时，史学家班固除认同司马迁之说，以及刘歆之称外，还落实了《左传》与《国语》的关系。《汉书·司马迁传赞》说："孔子因鲁《史记》而作《春秋》，而左丘明论辑其本事以为之传，又纂异同为《国语》。"这是认为先有《左传》，后有《国语》；《左传》为主，《国语》为辅。此外，《汉书·律历志》引《国语》也都称《春秋外传》。于是，就有这样一个观点：左丘明在作《左传》之余，利用剩下的史料，写成了《国语》，以补《左传》之不尽，并共同“辅佐”《春秋》。这是汉朝人的流行看法。到了宋代和清代，持这种观点的学者仍不乏其人。

不过从晋代开始，有不少学者对《左传》《国语》同出一人（左丘明）的说法提出了疑问。像唐代陆淳便引赵匡之语说：“《左传》《国语》，文体不伦，序事又多乖刺，定非一人所为也。”这是从文体上对《左传》《国语》出于一人说提出了疑问。宋代叶适的《习学记言》则认为《左传》虽曾参考过《国语》，但二书并非成于一人之手，而是两种著作。

随着研究的深入，越来越多的学者开始赞同“《国语》非一人完成的作品”这一观点。主要理由有：

第一，《国语》一书共八国“语”，二十一卷，其中《周语》三卷共记有周穆、恭、厉、宣等十二王时期的事迹，前五个是西周统治者，后七个是东周统治者。如果从数量上看，《周语》记东周时期史事多于西周，但稍加留意不难发现，真正记周朝大事的多在前半部分，后半部分多是记周朝与诸侯的往来及一些琐言碎语；《郑语》则主要记西周时史伯纵论天下局势；《鲁语》着重记载鲁国上层社会一些历史人物的言行，且记事仅局限于春秋之内；《齐语》则集中在齐桓公称霸一事上；《晋语》是国语中占篇幅最多的，共九卷，几乎占了全书的二分之一，记事始于鲁桓公三年（前709），迄于战国初年，时间跨度大，内容涉及广，相对于其他各国要全面、具体得多；《吴语》《越语》则是记春秋末、战国初之事。可见，《国语》一书在分配比例、记事的时间和内容上，存在着很大差距。

第二，《国语》中文章风格的差异也是非常明显的。像《周语》《齐语》《郑语》《楚语》等多长篇大论，内容包括政治、经济、哲学、宗教、历史等诸多方面，文章理论性、逻辑性都较强。与此形成对照的《晋语》《越语》等，多为短小文章，文笔也较简洁精炼。《鲁语》则往往一事一议，虽显琐碎，却每有真知灼见于其中。《吴语》《楚语》文字流畅整饬，气势充沛饱满，且讲究词句的安排利用。《越语》则如柳宗元所云"尤为奇峻"，而且还出现了许多用韵现象。

第三，《国语》一书的指导思想也很杂乱，既有重民、崇礼、知天命的儒家思想，如《周语》"民之所欲，天必从之"；也有重"法、术、势"，主张赏罚分明、"以法为教、以吏为师"的法家思想，如《吴语》记越王勾践兴兵伐吴前，聚众发令，有罪者斩；还有主张“兼爱、非攻、节用”的墨家思想，如《周语上》祭公谋父劝穆王弥兵：“先王耀德不观兵。”此外，更有提倡君主“与民并耕而食，饔飧而治”的农家思想，以及主张“以奇用兵”“顺时而发”的兵家思想。

总的说来，《国语》中的篇目，无论是在各自所占的比例上，还是在记述的侧重点上都存在着很大差异，如果是一个人统撰全书，应该不会出现这种情况。而且，在当时的历史背景下，一个人能够兼容各家思想并将其杂糅在一起撰成一书，这是不太现实的。所以，较为合理的解释是《国语》不是由某个人单独撰成的。

关于《国语》的几个问题

关于《国语》这部书，有以下几个要点需要说明：

第一，《国语》之“语”，是西周春秋时期一种记载君臣治国之语的文体。《楚语上》记楚大夫申叔时论太子教育：“教之《语》，使明其德而知先王之务用明德于民也。”由此推测，楚国宫廷用来教育太子的《语》，是一部记载先王德治言论的典籍。不仅楚国有《语》，周王室和各诸侯国也都有《语》。《语》之前冠以国名，就成为某国之《语》，诸如《鲁语》《齐语》等。各国之《语》最初可能都是单独流传的，并借朝聘赴告的机会得到交流。到了战国初年，某位或几位史官把他手头上所掌握的各国之《语》按国别编为一书，就成了今本的《国语》。

第二，《国语》主要在于记言（如《祭公谏穆王征犬戎》《邵公谏厉王弭谤》等）。每篇的形成过程是：王侯卿士大夫就某些具体现实政治问题发表言论，史官将其言论载之简帛。所以，每篇的作者实际有两位：一位是讲述者，即言论的发表者；一位是记载和整理加工的人，通常是史官。同时，《国语》中的“语”还形成了一个相对固定的模式：开头用简要的语言叙述有关事由，导入主题；主体部分提出论点（这是文章的主旨），展开论说（论述、论证或辩诘，通常是以议论或问对的形式出现）；结尾交代事情的结果。

第三，《国语》内容广泛，涉及“邦国成败，嘉言善语，阴阳律吕，天时人事逆顺之数”，宗旨是为王侯治国“道训典，献善败”，其中劝谏的内容远远多于颂美。应该承认，《国语》的编者是具有高度政治责任感和强烈敬业精神的史官，他（或他们）所选入的每一条材料都具有不同程度的垂鉴意义。例如，周宣王本是西周中兴之主，但《国语·周语上》有关宣王的五条材料中，有四条是写西周名臣讽谏宣王弊政的，从中可见编者提供借鉴的意识是多么强烈！

第四，《国语》是“编”而不是“著”，是“选”而不是“作”。这一点与《左传》的性质有着根本区别。前面已经说到，《国语》的文章是不同时代的各国史官早就写好的，编者只是起到选篇、编辑的作用。每国的《语》所占比例差距很大，正是编者手中的史料多寡不一所致。而书中未收入陈、宋、燕、秦等诸侯国之《语》，大概是因为编者手中本来就缺乏这些资料。

第五，《国语》是“史料汇编”而不是“史”。历史是一条不断流的长河，因此作为严格的史书，应该有着前后因果联系的系统记载。若用这一标准衡量《国语》，显然它还不够史的规格。《国语》共收有二百余条史料，除《晋语》《吴语》中某些史料上下文有所衔接外，大多数史料之间没有上下前后的因果联系。也就是说，每一条史料都可以各自独立成篇。《国语》只不过是把这些独立成篇的文章汇编在一起罢了。

第六，《国语》保留了史料的原貌，这是这部书最大的价值所在。编者没有对全书的语言和文风做统稿、改写、加工和提炼，而是原汁原味地编排，给人以“茅茨不翦，采椽不斫”（《韩非子·五蠹》）的感觉。我们读《国语》，很容易感受到各篇文章水平参差不齐。此外，《国语》中有不少史料重复，甚至存在一事异记的现象，这应该是这些史料最初出于不同史官之手，编者原封不动地将它们收入到《国语》中的缘故。

韦昭作注：从史料汇编上升为史学著作

提到《国语》，不得不提为它作注的一个人——三国时期的韦昭。

韦昭为《国语》作的注有以下特点：

第一，体例完备，成一家之名学。所谓“成一家之名学”，首先在于韦昭有明确的注释目的，即令浅闻初学者亦能通晓并祛他注之过。其次，韦昭以疏通文意为宗旨，针对《国语》所记史实，参照《春秋》《左传》对史实发生的时间、地点和人物加以注释，从而弥补《国语》记史时间上的空白，增强其史实记载的真实性。在此基础上，韦昭考校训释文字、补充史实和世系、解析名物和制度、梳理典故和职官、考地理、通天文等，注释内容细致入微，形成了较为完备的体例。这些注释，也多有经典文献的依托和权威学者的佐证。

第二，兼采诸家，比并释疑。在全部注释中，韦昭自己的注仅过半数，其余则征引其他诸人之说，如直接或间接征引郑众注十二条、贾逵注六十七条、唐固注七十二条、虞翻注十七条。韦昭征引诸家，多加梳理，给出贴近文意的更为浅近的注释，其中不乏个人意见，表现出了严谨的治学态度。这种边注释边研究的注书方法，也为后人所沿用，开集解之风。

第三，征引文献广博，注释具有权威性。除了引用他人注释外，韦昭还引用了一些典籍文献来充实自己的注，以便于理解《国语》的原文，其中包括“三礼”(《周礼》《仪礼》《礼记》) 和《左传》《诗经》《周易》《论语》《尚书》《孝经》《世本》《尔雅》等，达到了疏通文意和补充史实的目的。应该看到，韦昭所征引的文献具有很高的权威性，因此它比任何一部“国语注”的生命力都强。直到今天，学者也不能抛开韦注来研究《国语》。

第四，训释简括，紧扣原文。大凡为古书作注者，其目的都是要让当时人能够读懂古书的文字，所以都是用当时浅显易懂的语言。韦昭的注便是如此，简洁、通俗易懂，即使在今天看来，也并不古奥。这体现了韦昭深厚的学养和文字功力。

韦昭的《国语注》是现存最早的《国语》注本，韦注的上述特点决定了它的价值。韦昭注开集解之风，对后世何晏的《论语集解》、应劭的《汉书集解音义》、《史记》三家注、《汉书》颜师古注等经史之注产生了极大的影响。更有学者指出，在以经学为主导的时代，《国语》能随《左传》而得以流传，韦昭功不可没。韦昭的注与《国语》相结合，直接影响了《国语》一书的性质和地位，使其从史料汇编上升为史学著作。

现代价值

首先，《国语》提出了诚信的重要性。我国自古就有重信的优秀传统，《国语》也把“信”作为重要的品德之一。申叔时在论傅太子之道时，提出要“明久长以导之信”，也就是通过引导他讲诚信来阐明如何可以使国祚长久的道理，这不仅把诚信当作为人的准则，更把它提高到安邦定国的地位。《国语》还用事实证明了这一点。公元前 546 年弭兵大会上，楚军欲违信而偷袭晋军。晋军主帅赵武“以忠谋诸侯，以信覆之”，坚持以忠信对待诸侯，终于折服了楚国，使“楚人不敢谋，畏晋之信也”。与此相对，《国语》对背信之人予以严厉的谴责。如晋惠公为求成为国君，内许大臣里克田百万、丕郑田七十万，外许秦穆公“河外列城五”。但他回国后，立刻“背外内之赂”，不仅如此，还借故杀了里克和丕郑，并恩将仇报，在秦国大饥之时不卖粮食给秦国。对此，书中指责道：“晋侯即位而背外内之赂，虐其处者，弃其信也。”不讲求信用，则“远不至而近不和矣，将何以守国？”可见诚信的重要性。

其次，《国语》中体现着民本思想。《国语》主张统治者要体恤民情，“王天下者必先诸民，然后庇焉，则能长利”，如果反其道而行之，“不亲于民而求用焉，人必违之”。《国语》开篇即提到周武王得国是因“勤恤民隐而除其害也”，商纣失国是因其“大恶于民，庶民不忍”。书中对关心民情、急民所急的明君贤臣都是予以肯定的。像齐鲁长勺之战，鲁之所以能够以弱胜强，是因为鲁庄公爱民，曹刿据此说“夫惠本而后民归之志，民和而后神降之福”，“夫苟中心图民，智虽弗及，必将至焉”。同样，对于贪残虐民的君臣，《国语》都无一例外地予以痛斥。像周厉王暴虐无道、贪婪无度，在被告诫“民不堪命矣”后，非但不听劝谏，反而“防民之口”，芮良夫因此叹息“周必败”。

再次，《国语》倡导为人要具有恭敬、节俭和谦让的品质。《国语》把“敬”放在一个相当高的位置，认为恭敬的态度体现着礼的精神。范武子教育其子如何为人处事、以承君命时，只说“唯敬”两字：“夫敬，德之恪也。恪于德以临事，其何不济！”可见，恭敬就是守德，严守德行而谨慎从事，还有什么事情做不成功呢？《国语》还极力赞美节俭，反对奢侈，提出“人臣而侈，国家弗堪，亡之道也”。鲁大夫叔孙宣子、东门子生活奢靡，周卿士刘康公即直言“叔孙、东门其亡乎！若家不亡，身必不免”，因为“敬恪恭俭”才是为人之道。谦让也是中华民族的传统美德。《国语》中对谦虚谨慎、严以律己的人物进行了褒扬，其中较为有名的就是“赵衰让贤”的佳话。晋文公三次任命赵衰为卿，赵衰三次推辞，并三次举贤。这种谦让精神并非虚假，而是能正确地知人知己，可以说“赵衰三让，其所让，皆社稷之卫也”。谦让的出发点是先国家后个人，先公后私。在赵衰等的影响下，晋国群臣让贤、举贤形成风气，从而为晋国的持久霸业打下了深厚而扎实的基础。

最后，《国语》中蕴含着“以史为鉴”的思想。历史上的经验教训，可以作为现实和未来的借鉴，关于这一点，中国先民早在殷周之际就已经有了明确的认识。《尚书·周书》和《诗经》中的“殷鉴”思想可以说是最早关于历史鉴戒的思想。《国语》继承并发展了这种思想，其中讨论了西周衰亡的原因以及各诸侯国为政的成败得失。正如白寿彝先生所指出的那样，“从编纂的意图上看，《国语》可以说是第一部‘资治通鉴’。从编纂的性质看，《国语》也可以说是第一部‘经世文编’”。

经典诵读：《国语》选读

灵王为章华之台，与伍举升焉，曰：“台美夫！”对曰：“臣闻国君服宠以为美，安民以为乐，听德以为聪，致远以为明。不闻其以土木之崇高、彤镂为美，而以金石匏竹之昌大、嚣庶为乐；不闻其以观大、视侈、淫色以为明，而以察清浊为聪。

“先君庄王为匏居之台，高不过望国氛，大不过容宴豆，木不妨守备，用不烦官府，民不废时务，官不易朝常。……今君为此台也，国民罢焉，财用尽焉，年谷败焉，百官烦焉，举国留之，数年乃成。愿得诸侯与始升焉，诸侯皆距无有至者。而后使太宰启疆请于鲁侯，惧之以蜀之役，而仅得以来。使富都那竖赞焉，而使长鬣之士相焉，臣不知其美也。

“夫美也者，上下、内外、小大、远近皆无害焉，故曰美。若于目观则美，缩于财用则匮，是聚民利以自封而瘠民也，胡美之为？夫君国者，将民之与处；民实瘠矣，君安得肥？且夫私欲弘侈，则德义鲜少；德义不行，则迩者骚离而远者距违。天子之贵也，唯其以公侯为官正，而以伯子男为师旅。其有美名也，唯其施令德于远近，而小大安之也。若敛民利以成其私欲，使民蒿焉忘其安乐，而有远心，其为恶也甚矣，安用目观？

“故先王之为台榭也，榭不过讲军实，台不过望氛祥。故榭度于大卒之居，台度于临观之高。其所不夺穑地，其为不匮财用，其事不烦官业，其日不废时务。瘠硗之地，于是乎为之；城守之木，于是乎用之；官僚之暇，于是乎临之；四时之隙，于是乎成之。……夫为台榭，将以教民利也，不知其以匮之也。若君谓此台美而为之正，楚其殆矣！”（《楚语上》）

楚灵王建造章华之台，与楚大夫伍举一起登台，说：“台真美呀！”伍举说：“我听说国君以接受上天福禄为美，以安定民众为乐，以听从有德者为耳聪，以能够使远方人归服为眼明。我没有听说过以土木建筑崇高、彩绘雕饰为美，以金石匏竹乐器盛大众多为乐；没有听说过以观赏场面宏大、视觉奢侈、淫于女色为眼明，而以辨察音乐清浊为耳聪。

“我们的先君庄王曾经建造匏居之台，台的高度不过是便于观望国家吉凶云气，台的大小面积不过是可以容纳宴会俎豆，建台所需木料不妨害国家守备，费用不动用官府开支，民众不至于荒废时务，官员不改变上朝常规。……如今君王建造这座章华台，楚国民众为此疲惫，楚国财用为此用尽，年成谷物为此歉收，百官为此厌烦，全国民众都来筑土，用了几年才建成。您希望能够与各国诸侯一起登台，可是各国诸侯都予以拒绝，没有人来。此后您派太宰启疆请鲁侯来，以蜀之役相威胁，鲁侯这才来楚。您派容貌美丽、风度优雅的美少年赞礼，派高大健壮的人相助行礼，我不知道章华台美在哪里。

“所谓美，是指对上下、内外、小大、远近都没有危害，这才叫美。如果眼睛看着舒服就是美，但乱取财用导致匮乏，那么这就是聚敛民财使自己富厚而让民众贫穷，如此何美之有？做国君的人，应该与民共处；民众贫穷，君主怎么能独自肥厚？况且人的私欲膨胀，德义就会缺少；德义不能施行，就会近者忧愁叛离而远者抗拒违命。天子的尊贵，就体现在他以公侯作为官长，而以伯子男作为诸位官员。天子之所以具有美名，只是因为他将美德施行到远近之处，使大小诸侯都得到安定。如果聚敛民财来成就自己的私欲，使民众忧伤失去安乐，因而产生叛离之心，那么造成的罪恶就大了，眼睛看着舒服又有什么用呢？

“因此先王建造台榭，榭不过是用来讲习军事，台不过是用来观望国家吉凶云气。因而建造榭只要考虑便于士卒讲武，建造台只要考虑能够达到观望云气的高度。台榭的场所不应该侵夺耕地，建造台榭的行为不至于造成财用匮乏，建造台榭的事务不至于影响官员行政，建造台榭的时间不至于荒废农时。贫瘠的土地，可以作为台榭的场所；筑城守备的剩余木料，可以用作建造台榭的材料；官员在空闲时间，可以登临台榭观赏；四季中的空闲，可以作为建造台榭的时机。……建造台榭，是用来让百姓获得利益，没有听说为建造台榭而让民众匮乏的。如果君王认为这座台美丽而以为是正确的，那么楚国就危险了！”

二 《战国策》：古代雄辩和谋略第一书

成书年代及流传

《战国策》是西汉刘向整理的战国时期国别史料汇编，主要记载了战国时代纵横家的谋略和论辩之辞。

战国时期是一个大变革的时代，当时齐、楚、燕、韩、赵、魏、秦等国之间，斗争尖锐而频繁。一个国家想在这样的环境下求得生存，除了富国强兵之外，尤其需要有合适的谋士为国君出谋划策，并肩负出使各国的使命。于是，当时出现了专门从事外交策略研究的人。他们讲求如何揣摩国君的心理，运用纵横捭阖之术，约结盟国，孤立和打击敌国，他们“出奇策异智”，可以折服千军万马，可以“运亡为存”，可以左右几个国家的局势，从而在战国的政治舞台上扮演着不可忽视的角色，这些人被称为纵横家。

当时比较著名的纵横家有公孙衍、张仪、苏秦、虞卿等，他们虽然在政治上见解有所不同，却都有着渊博的学识，特别是对外交游说之术非常重视。为了切磋游说国君的技艺，展现自己的谋略和外交才能，他们不断地收集资料储以备用，并把自己在各国间从事的外交活动记录下来用以反思，有的甚至还亲自拟作，以练习雄辩的技能。《战国策》中的大多数文章就是这样产生的。

然而，在西汉末期以前，这些纵横家留下的文章并没有形成一部系统完整的著作，更没有《战国策》这本书。西汉末年，光禄大夫刘向奉诏校书，见到了皇家图书馆中许多记载纵横家说辞的写本，内容庞杂，编排体例不一，文字也错乱难读。刘向认为这些都是战国时期游说之士的策谋，反映了战国时期诸侯之间纷争的历史，很有史料价值，便对其进行校正、删减和补充，最后采用国别体，分为东周、西周、秦、楚、齐、赵、魏、韩、燕、宋、魏、中山十二国，将其编撰成书，共三十三卷，取名为《战国策》。刘向曾说："臣向（指刘向）以为战国时游士辅所用之国，为之策谋，宜为《战国策》。"可见，《战国策》的书名是刘向整理后所加，策是策谋的意思，后世有人将其理解为书策（写字用的竹简），则与刘向的原意不合。

《战国策》成书后，东汉学者高诱为它作注，和原书一起流传。但由于此书反映的是纵横家的思想，与封建社会倡导的儒家主流思想不一致，因此一直未受到重视，在流传过程中逐渐有所散佚，到北宋时原书已缺十一卷。后经著名文学家曾巩细心访求，才重新补足三十三篇之数。南宋时，姚宏搜罗了多种《战国策》版本，加以校订整理，并作了续注，流传至今，通称“姚本”。与姚宏同时，鲍彪也注释此书，他的工作有不少缺憾，元代吴师道又为其作补正，和鲍注一起流传，通称“鲍本”。我们今天常用的《战国策》属于“姚本”系统，但也将鲍彪等人的注释加入其中以便参考。

后世对《战国策》的评价渐趋公正

前面已经谈到,《战国策》宣扬的是纵横家的人生观和道德观，这与封建社会长期占统治地位的儒家思想相冲突，即使是整理者刘向也认为该书的思想与儒家不同，只是由于其内容和文采还颇具价值才加以整理。因此他所持的热情并不高，书中有些篇章内容大致相同，只是字句或繁或简，反映了他“除重复”做得不够彻底。

宋代苏洵、苏轼父子虽喜好《战国策》的文章，却从来不敢给予公开的赞许。曾巩则把《战国策》中的言论和策谋斥为“邪说”,“为世之大患”。南宋叶适则说

《战国策》十之七八是“儇陋浅妄之夸说”，搅乱了道德礼义，“为学者心术之巨蠹”（《学习记言》）。到了元、明、清时期，学者在谈及《战国策》一书时，基本都是排斥其思想而称赞其文章，很少做全面评价。像清代陆陇其就说《战国策》“文章之奇，足以悦人耳目，而其机变之巧，足以坏人心术”。

可见，由于受到儒家正统观念的影响，古人大多视《战国策》为离经叛道之书，没有给予应有的重视，更没有对它做过客观公正的评价。

现代学者以历史唯物主义的观点和方法研究《战国策》，从而对这部书的内容和思想有了较为正确的认识，评价也渐趋公允。

就内容来说，《战国策》有着很高的史学和文学价值。这部书向世人展现了战国时代的社会状况，西汉史学家司马迁写《史记》时所述战国之事多取材于此。据学者统计，《史记》征引借鉴《战国策》之文有 149 处之多。“战国”作为特定的时代名称也始于《战国策》。至于《战国策》的文采则是古今学者都赞赏的，甚至有“文辞之最”的美誉，对后世史传文和议论文的写作产生了深远影响。

从思想来说,《战国策》记载有些策士为了追名逐利朝秦暮楚；有些策士为报私怨拨弄是非相互倾轧，施展计谋坑害对方；有些策士抱着“士为知己者死”的观念，为“知己者”拼死卖命，甚至做出刺杀等极端行为，如豫让为智伯报仇刺赵襄子、聂政为严遂报仇刺韩傀，这种思想行为的产生虽有其历史原因，却对后世产生了消极的影响，是应该予以批判和否定的。

但书中也对忧国爱民、破旧立新、重用贤人等思想进行了赞颂，这是值得继承的。比如，王斗当面讽刺齐宣王好马、好狗、好酒、好色，唯独不好有才能的人，更不懂得忧国爱民。齐宣王听后顿时悔悟，任命了有才能的人就任官职，齐国得到了很好的治理。又如，赵武灵王勇于冲破赵国贵族集团的重重阻力，弃旧图新，实行了“胡服骑射”，赵国实力由此强盛。这种“观时而制法，因事而制礼”的改革思想，至今仍值得肯定。再如，姚贾劝秦王在用人问题上应当取其所长、避其所短，鲁仲连对孟尝君提出要“人尽其才”，这些见解是千古不变的真理，反映出古人在用人方面的朴素辩证观。

蔚为奇观的语言论辩艺术

《战国策》中记载的纵横家们驰骋辩说、议论风发之辞，可谓“一人之辩，重于九鼎之宝；三寸之舌，强于百万之师”。或三言两语一针见血，或长篇大论纵横捭阖，或单方陈词条分缕析，或双方对辩词锋凌厉，呈现出蔚为奇观的论辩风采，其艺术特色和技巧对今天我们辩论、演讲、谈话以及回答他人提问仍有借鉴价值。

首先，言语有气势，善用铺张。

铺张，即把事物各个方面尽可能全面而广泛地论列陈述。无论是演讲还是辩论，言语表达全面缜密，有自信，有气势，会让对方知道你是有备而来，不敢稍加怠慢，从而加强说服力和感染力。《战国策·秦策一》记载了苏秦游说秦惠王的话：“大王之国，西有巴蜀、汉中之利；北有胡貉、代马之用，南有巫山、黔中之限，东有肴函之固。田肥美，民殷富，战车万乘，奋击百万，沃野千里，蓄积饶多，地势形便，此所谓天府，天下之雄国也！”这段话用词华丽，颇具气势，充分显示出苏秦对秦国各方面情况有着详细的研究和透彻的了解，从而增强听者对他的信任和好感。

其次，恰当地引史据典。

言论讲究有理有据，有理就是讲道理，有据就是摆事实。无论古人还是今人，都提倡从历史的经验中获得启示，找到解决当前问题的方法。因此，一个人如果能恰当地运用历史上曾经发生过的人物和事例作为论据，并信手拈来古代的经典名句作为道理，不仅可以使自己的言辞更具说服力和真理性，同时可以展现自己渊博的才学和谦谦君子的风范。据统计，《战国策》引用古人的事迹达 143 次，像苏秦在游说秦王时，就举了神农、黄帝、尧、舜、禹、汤、周文王、周武王和齐桓公的例子来证明要统一天下，非战不可。而《战国策》中纵横家们引用《诗经》《周易》《尚书》《春秋》等典籍中的句子和生活俗语来讲道理的也随处可见。这些名句和俗语不需要过多的分析和讲解，听者很容易理解和接受，起到了以一当十的效果。

再次，巧妙运用意深趣浓的寓言。

寓言，就是用假托故事或以物拟人的手法，使人从中获得启示。在论说中我们不仅要认清自己的身份和地位，也要考虑对方心理和承受力，避免事与愿违，而巧用寓言说明道理则是达到目的的最佳途径。《战国策·燕策二》中记载赵惠王将攻打燕国，苏代为燕国阻止惠王出兵，惠王对苏代的劝说必存戒心，这为苏代的劝谏设下障碍。若直言相劝，恐难以消除惠王的防备之心，甚至可能被当作敌人对待。于是苏代以“鹬蚌相争，渔者得利”的寓言，形容燕、赵和秦三国的关系，让惠王思考其中的道理：攻打燕国对赵国百害而无一利，最终燕赵只会如鹬蚌一样落入渔父强秦之手。惠王听后放弃了出兵的念头。

最后，善于用形象的比喻去说明道理。

有些道理直接阐述，难以把问题讲明白，而借助打比方则既提高了言语的表达效果，又便于对方理解。《战国策·楚策四》中记载楚襄王不听庄辛劝告，亲信小人，荒淫恣肆，结果遭到了秦国的连年进攻，兵挫地削。情急之下他又问庄辛如何是好。庄辛则用蜻蛉、黄雀、天鹅自以为没有忧患却终遭杀身之祸来作喻，意在强调国君不应丧失警惕，而要励精图治才能保邦兴国，若一味贪图享乐和安逸必将身死国破的道理。三个比喻由小而大，步步紧逼，襄王听后“颜色变作，身体战栗”，其明理设喻之效，不言而喻。

经典诵读：《战国策》寓言故事三则

楚有祠者，赐其舍人卮酒。舍人相谓曰："数人饮之不足，一人饮之有余。请画地为蛇，先成者饮酒。"一人蛇先成，引酒且饮之，乃左手持卮，右手画蛇，曰："吾能为之足。"未成，一人之蛇成，夺其卮曰："蛇固无足，子安能为之足？"遂饮其酒。为蛇足者，终亡其酒。(《齐策二》)

楚国有个贵族祭过祖先，把一壶酒赐给门客。门客相顾商议："这酒，几个人喝不够，一个人享用却有余，让我们各在地上画一条蛇，先画成的请饮此酒。"有个门客率先完成，取过酒壶准备先喝，他左手持壶，右手又在地上画了起来，并说："我还可以为蛇添上脚呢。"蛇脚尚未画完，另一门客也画好了，于是夺过他手中的酒壶，说："蛇本无脚，你怎能给它硬添上脚呢？"便喝了那壶酒。

这个寓言本来是齐国使者陈轸劝说楚国大将昭阳要懂得适可而止，否则只会招致杀身之祸。如今，人们用"画蛇添足"来讽刺那种不顾客观实际而做出多余举动的人，意在提示人们世界上的各种事物都有具体的规律性，不能随意改变，不然就会弄巧成拙。

庞葱与太子质于邯郸，谓魏王曰：“今一人言市有虎，王信之乎？”王曰：“否。”“二人言市有虎，王信之乎？”王曰：“寡人疑之矣。”“三人言市有虎，王信之乎？”王曰：“寡人信之矣。”庞葱曰：“夫市之无虎明矣，然而三人言而成虎。今邯郸去大梁也远于市，而议臣者过于三人矣。愿王察之矣。”（《魏策二》）

战国时期魏国大臣庞葱要陪太子到邯郸去做人质，行前对魏王说：“现在，如果有个人说大街上有老虎，您相信吗？”魏王说：“不相信。”庞葱说：“如果是两个人说呢？”魏王说：“那我就要疑惑了。”庞葱又说：“如果增加到三个人呢，大王相信吗？”魏王说：“我相信了。”庞葱说：“大街上不会有老虎那是很明显的，但是如果三个人说有老虎，就好像真有老虎了。如今邯郸离魏都大梁，比我们到街市远得多，而背后毁谤我的人可能也不止三个。希望您能明察秋毫。”

庞葱讲这个寓言意在劝诫魏国国君要明辨是非，不要听信谗言。但魏王却没有做到。当太子充当人质期满回国后，庞葱再未能获得魏王的召见。如今我们用“三人成虎”比喻说的人多了，就能使人们把谣言当作事实。

今者臣来，见人于大行。方北面而持其驾，告臣曰：“我欲之楚。”臣曰：“君之楚，将奚为北面？”曰：“吾马良。”臣曰：“马虽良，此非楚之路也。”曰：“吾用多。”臣曰：“用虽多，此非楚之路也。”曰：“吾御者善。”此数者愈善，而离楚愈远耳！（《魏策四》）

今天我回来的时候，在大路上遇见一个人，正在向北面赶他的车，他告诉我说：“我想到楚国去。”我说：“您既然要到楚国去，楚国在南面，为什么往北走呢？”他说：“我的马好。”我说：“马虽然不错，但是这也不是去楚国的路啊！”他说：“我的路费多。”我说：“路费即使多，但这不是去楚国的方向啊！”他又说：“我的车夫善于赶车。”这几样越好，反而会离楚国越远啊！

原文中的“臣”指魏国大臣季梁，他听说魏王准备攻打赵国，以武力建立霸业、取得威信，急忙以这个寓言进行劝谏，认为这样做不仅不会实现愿望，而且会离愿望越来越远。“南辕北辙”提醒我们做任何事情必须有正确的方向，否则主观努力愈大，距离所要达到的目的愈远。

三 《晏子春秋》：一部记载晏婴事迹的专著

晏子与《晏子春秋》

提到晏子，我们不禁会想起《晏子使楚》这个脍炙人口的故事，故事中的晏子集勇敢、智慧、气节于一身，为后世所敬仰。据记载，晏子名婴，字平仲，一说字仲，谥平，春秋后期齐国人，大约生于公元前582年，死于公元前500年。晏子之父晏弱，谥桓子，为齐卿。晏弱去世后，晏子承继父亲之职，出仕齐卿，先后从政凡五十六年，历事齐灵公、齐庄公和齐景公三朝，其主要政绩是在景公时。以当时齐国局势，大夫专权，田氏势强，景公以平庸之君，能维持近六十年的统治，齐国还能处于相对强势地位，完全有赖于晏子这位杰出政治家的辅佐。所以西汉史学家司马迁曾说："假令晏子而在，余虽为之执鞭，所忻慕焉。"崇敬之情，溢于言表。他还特别为晏子写了传记（《史记·管晏列传》）。其他先秦两汉典籍如《左传》《墨子》《吕氏春秋》《淮南子》《说苑》《新序》《论衡》中也有不少关于晏子的记载。而要说专门记载晏子思想和言行的著作，则非《晏子春秋》莫属了。

书名虽为《晏子春秋》，但其作者却不是晏子本人。

有些目录学著作记录此书时称“晏婴撰”，这显然是不对的。因为该书自始至终对晏婴以“晏子”相称，“晏子”是后人或同时代人对晏婴的敬称，晏子不会自称“子”。而且书中又有“齐景公”之称，“景公”是谥号，史载晏子比齐景公早死十年，他不可能知道景公去世后会有此称呼。更何况，书中还记有若干晏子死后之事。这些都证明该书不是晏子本人撰写的。

其实，这是先秦时期著作的一个特点。先秦典籍的编撰成书，并不像我们今天这样，由明确的一人或数人编写，然后杀青定稿，署名出版。它的形成，往往有个复杂的过程。先是有些原始记录素材，积累渐多，逐渐流传，流传中有人加以整理润色，还会不断增加或佚失，如此几经增损编订，才最终形成，因此许多典籍难以确定编撰者是很正常的。《晏子春秋》的成书，亦当如此。我国自古有史官传统，所谓“左史记言，右史记事”。晏子作为一代名相，其言行齐国史官必有记录，这是《晏子春秋》的材料来源之一，即齐国世代相传的历史记载和档案记录，这些都是可靠的历史资料。此外，晏子在齐国有出色的政绩，必然成为人们仰慕的对象，他的事迹被广为传颂后，有好事者踵事增华，“小说家者流”添枝加叶，便形成了类似后代包拯、海瑞式的半是历史传记半是故事传说的内容，并广为流传，这便是《晏子春秋》材料的另一个来源。当然，这种材料只可以当作故事看，却难作史料信。

一般认为，到了战国时期，分别有人对这些材料进行搜集汇编，于是就出现了各种版本的《晏子春秋》（司马迁看到的应该就是其中一个或几个版本）。学者蒋伯潜说：“此书非晏子自著，乃后人采其行事，记其言论，纂辑而成，其成书实在战国之世。”这应该是中肯的论断。但这还不算是真正意义上的“成书”。西汉成帝时，刘向奉旨对当时皇家内府的藏书进行整理。他将能够见到的各种版本的《晏子春秋》加以编校，定名为《晏子》，后世更名为《晏子春秋》。如此，《晏子春秋》才算正式“成书”，并成为今天的通行本。全书共八卷，二百一十五章，分为内篇和外篇两个部分。内篇六卷，即刘向所谓“合于六经之义”者，包括谏上、谏下、问上、问下、杂上、杂下；外篇两卷，即刘向所谓“又有重复，文辞颇异”者和“颇不合经术，似非晏子言，疑后世辩士所为者”。

应该说，《晏子春秋》一书以春秋时代齐国晏婴的生平事迹为依据，又辑缀了有关他逸闻轶事的大量民间传说，从而记载了人们心目中的晏子的思想言行，塑造了晏子这位正直贤明、堪称楷模的杰出政治家的形象。

“传记之祖”的艺术特色

《晏子春秋》的体裁既不同于《论语》的语录体，也不完全同于《左传》《国语》等历史散文和《孟子》《荀子》等诸子散文，而是以对答记言为主，佐以动作、形象描写，这种以文学笔法记载人物事迹的著作，在现存的先秦古籍里是很少见的。正因如此，《晏子春秋》在艺术形式和表现手法上也独具特色。

首先，此书语言简洁干净，颇能表现人物个性。以耳熟能详的“晏子使楚”一段为例，晏子到楚国后，楚王蓄意戏弄他，“指盗为齐人”，然后“视晏子曰：齐人固善盗乎？”不难想象，这是一个非常令人难堪的场面。对此，晏婴没有表现出手足无措之态，而是以橘为例，阐明了水土是使植物变异的重要条件，接着话锋一转，用同理相推的方法，得出了“得无楚之水土使民善盗耶”的结论。这种以守为攻、寓理于事的谈话方式，使晏婴的机敏跃然纸上。

其次，此书描写人物动作生动鲜明，着意勾勒人物性格。书中说齐景公在泰山上饮酒，喝得半醉，眺望齐国的大好河山，因感伤人生短暂，便“泣数行而下”；而晏子此刻却“仰天而大笑”，这使得景公大怒。晏婴则用朴素的唯物辩证法阐述了生死是不可抗拒的客观规律，最后反问道：如果先王不死，您哪能有齐国？寥寥数语便将景公及晏婴的形象惟妙惟肖地勾勒出来，可谓传神之笔。这种写法，用笔虽简洁，却将人物性格鲜明地体现出来，对后世中国古典小说的创作有较大影响。

此外，书中还大量地运用了夸张、比喻等修辞手法。如形容晏婴穷用了“堂下生蓼藿，门外生荆棘”，描写临淄的繁荣用了“张袂成阴，挥汗成雨”，又如把危害社稷的人比为“社鼠猛狗”，把表里不一的做法比喻成“犹悬牛首于门，而卖马肉于内也”。这些修辞手法的运用大大增强了文章的艺术感染力，有些成为流传至今的成语和典故。

可以说，《晏子春秋》一书已具有人物传记的雏形，《四库全书总目提要》称它是“传记之祖”，有学者则认为它是我国最早的一部传记文学。这种以人物为主的专书，以及突出人物个性的写法，对司马迁创作纪传体史书——《史记》也有着很大影响。

现代价值

第一，《晏子春秋》强调了实行德政的必要性。书中多处提到“德”字，“德”成为该书最核心的概念之一。晏婴本人就是“盛德”之人，齐景公就曾赞叹说：“善哉！晏子之言，可无用乎！其维有德。”（《内篇·谏上第十五》）晏婴认为仅仅靠勇力是不可能使国家长治久安的，如果一味地尚勇好斗甚至可能给国家带来灾难，只有修德，实行德政，才能使天下归附。于是他强调：

> 古之王者，德厚足以安世，行广足以容众，诸侯戴之，以为君长，百姓归之，以为父母。（《内篇·谏上第十四》）

周文王之所以取得天下，就是因为有德：“古者文王修德，不以要利，灭暴不以顺纣……是以诸侯明乎其行，百姓通乎其德，故君民而不危，用国而不弱也。”

(《内篇·问上第二十三》)齐桓公与管仲之所以能成就霸业，也是因为实行德政的缘故："昔者管子事桓公，桓公义高诸侯，德备百姓。"(《内篇·杂下第二十八》)而齐景公如果不实行德政，想恢复齐桓公时期的霸业是不可能的。那么，德政的具体内容是什么呢？在晏子看来，就是"任贤爱民"，即"其政任贤，其行爱民"(《内篇·问上第十七》)。"其政任贤"就是任用贤能之人为官，以便管理国家、安顿百姓；"其行爱民"就是以民为本，减轻赋税，减少劳役，晏婴甚至指出为政者最好的德行就是爱民、乐民，可见他已经充分认识到民心向背对于国家长治久安的重要性，这也是中国古代民本思想的体现，对当今以人为本、以德治国不无借鉴。

第二，《晏子春秋》还强调要举贤任能，惩治谗佞。晏婴认为人才是国家社稷治乱的根本，能否选贤任能，关系到国家的前途兴亡。因此没有大批的贤能之士，要治理好国家是根本办不到的。他曾总结齐桓公得以霸诸侯的历史经验：

先君见贤不留，使能不怠。是以内政则民怀之，征伐则诸侯畏之。(《内篇·问下第二》)

当齐景公问如何治国时，晏婴又明确地回答："举贤以临国，官能以敕民，则其道也。"（《内篇·问上第十三》）在具体操作上，晏婴提出要从一个人的社会交往和实际生活中的关键时刻，来具体考察他的优劣，而不是靠道听途说和一面之词来作决定。此外，对人才不能求全责备，要注重其所长，不能过分究其短。他还特别举了齐桓公拜管仲为相，任贤不避私仇，举宁戚为大司田，任贤不弃微贱的例子来说明。在提出举贤用贤的同时，晏婴积极主张惩治谗佞小人。他指出，恶人不去，贤人不进；谗佞不除，忠臣不用。尤其是君主身边的谗夫佞臣，依托君威，加害贤良，危害国家，为国之大患，晏婴把这种人比作"社鼠""猛狗"，力主除之。

第三，《晏子春秋》提出要力戒奢侈、躬行节俭。齐景公时，奢侈腐败是齐国朝政的一个突出问题。《淮南子·要略》就说："齐景公内好声色，外好狗马，猎射亡归，好色无辨，作为路寝之台，族铸大钟，撞之庭下，郊雉皆响，一朝用三千钟赣。"所谓上行下效，齐景公生活如此奢侈腐化，下面的众多大臣自然也不例外，但齐国百姓的生活却捉襟见肘。为了国家政局的稳定，晏婴一次次地劝谏景公要止奢侈、行廉政。不仅如此，晏婴更是从自身做起，成为节俭力行的典范。“尚俭”是晏婴政治理念、施政措施的核心，《史记·管晏列传》称，晏婴“以节俭力行重于齐。既相齐，食不重肉，妾不衣帛”。晏婴认为，勤俭廉洁是为政之本，“君子之事”。《晏子春秋》中记载了许多晏婴廉政的故事，从中可以看出，晏婴虽然身居相国高位，但他严于律己，廉洁从政，吃的是粗食，穿的是粗布衣，住的是陋室，上朝时常坐弊车，驾驽马。即使生活如此简朴，晏婴还是一再推辞景公赐予的封邑、千金、狐裘等，他的品行为百官作出了表率。晏婴倡俭的作风，不仅改变了齐国奢侈的政风，同时也减轻了百姓的负担，稳定了人心，并最终在中国历史上树立了廉相的楷模，对后世产生了积极的影响。

第四，《晏子春秋》主张刑法赏罚要妥善公正。“政刑无常”是国家“危失”的体现，“国无常法”则“民无经纪”，也就是说如果政策和刑罚没有常规，没有固定的法令，百姓就没有纲纪可循，国家就会危亡。这体现了法令的重要性。但仅仅有法令还不行，还要在施行时做到严谨和公正。“不以私恚害公法”（《内篇·谏下第二》），“刑罚中于法”（《内篇·问上第十一》），都是在强调要严格依法办事。晏婴还特别指出在赏罚中不能掺杂个人的主观好恶。他提出贤君治国当“不因喜以加赏，不因怒以加罚”（《内篇·问上第十七》），即不能因一时高兴而给予奖赏，也不能因一时生气而施加刑罚，这是使国家安定的良策。

第五，作为辅政之臣的晏婴为了齐国的发展常常要对国君进行劝谏。然而劝谏并非易事，《晏子春秋》中记载的晏婴劝谏方式和技巧对今人不无启发。比如“因势利导式”，这种方式也可称为顺水推舟。从心理上讲，人总喜欢听表扬的话，不愿听批评的话。通过发现人的一点长处，对其适当表扬，往往能使他把事情做得更好。《内篇·杂上第八》记载：齐景公到寿宫游览，看到一位背着柴的老人面有饥色，齐景公叹息着命令官吏把老人收养起来。晏婴对齐景公说：“臣闻之，乐贤而哀不肖，守国之本也。今君爱老，而恩无所不逮，治国之本也。”齐景公听后就笑了。晏婴见此，立即抓住时机说：“圣王见贤以乐贤，见不肖以哀不肖。今请求老弱之不养、鳏寡之无室者，论而共秩焉。”齐景公听后很痛快地答应了晏婴的请求。又如“以退求进式”，这种方式看似退却，实为进攻，即用以退为进的手段，给对方造成压力，迫使其感到问题的严重性，不得不进行改正。《内篇·谏上第八》记载："景公信用谗佞，赏无功，罚不辜。"晏婴感到心寒，指出齐景公之错后，"鞭马而出"。齐景公一看晏婴真走了，意识到问题的严重性，赶紧让人将晏婴追了回来，并表示要听从他的劝谏。再如"铺陈渲染式"，即对要表达的观点夸大形容，反复烘托。这种方式可使正确的观点更鲜明、更突出，也可将谬误放大，使其暴露无遗，从而引起对方注意，以说服对方。《内篇·谏下第十八》记载：齐景公因登路寝之高台不能到顶而大发雷霆，准备处罚修台之人。晏婴则进谏说古代君王力求节俭，以身作则；而夏桀、商纣则穷奢极欲，滥用民力、财力，最终导致国灭身亡。齐景公的错误远没有夏桀、商纣严重，但晏婴这样说就是为放大景公的错误，让他认识到自己的过失，并及时改正。

经典诵读：《晏子春秋》选读

（齐景）公曰："请问求贤。"

（晏子）对曰："观之以其游，说之以其行。无以靡曼辩辞定其行，无以毁誉非议定其身，如此，则不为行以扬声，不掩欲以荣君。故通则视其所举，穷则视其所不为，富则视其所分，贫则视其所不取。夫上士，难进而易退也；其次，易进而易退也；其下，易进而难退也。以此数物者取人，其可乎！”（《内篇·问上第十三》）

（齐景）公说：“让我向您请教怎么求贤。”

（晏子）回答说：“通过他的交游观察他，通过他的行为评价他。不要凭他的华丽雄辩的言辞判定他的行为，也不要凭人们对他的诋毁赞誉或非议确定他的身份，这样，他就不会为了标榜行为而放声宣扬自己，也不会掩饰自己的欲望来向君王求得尊显荣耀的身份。所以当他得志时就看他所荐举的是什么样的人，当他不得志时就看他所不做的是什么样的事情，当他富裕时就看他把财物分给什么样的人，当他贫困时就看他所不求取的是什么样的东西。上等的士人，不肯轻易进身为官而轻易辞官退隐；次一等的，轻易进身也轻易退隐；下等的，轻易进身却不肯轻易退隐。凭这些事情去选取人才，大概就可以了吧！”

曾子将行，晏子送之，曰："君子赠人以轩，不若以言。吾请以言乎？以轩乎？"

曾子曰："请以言。"

晏子曰："今夫车轮，山之直木也，良匠揉之，其圆中规，虽有槁暴，不复嬴矣，故君子慎隐揉。和氏之璧，井里之困也，良工修之，则为存国之宝，故君子慎所修。今夫兰本，三年而成，湛之苦酒，则君子不近，庶人不佩；湛之麋醢，而贾匹马矣。非兰本美也，所湛然也。愿子之必求所湛。婴闻之，君子居必择邻，游必就士。择居所以求士，求士所以辟患也。婴闻汩常移质，习俗异性，不可不慎也。"（《内篇·杂上第二十三》）

曾子要走了，晏子给他送行，说："君子与其拿车子赠人，还不如拿话赠人。请问我是拿话赠你呢，还是拿车子赠你？"

曾子说："请拿话赠我。"

晏子说："假如有个车轮子，原本是山上很直的木头，经高明的工匠用火烘烤使之弯曲变形，做成的圆形完全符合规格，这时即使木头干枯再经曝晒，也不会再挺直了，所以君子要很慎重地对待改变自己本性的事。

和氏的玉璧，在常人看来只是乡间一块做门限的普通石头，但经高明工匠的加工修治，就成了镇国之宝，所以君子要很慎重地对待修养问题。假如有条兰草根，三年长成，把它浸在苦酒里，那么君子不愿让它近身，凡庸的人也不佩带它；但如果把它浸在麋鹿肉酱里，那它的价值就相当于一匹马了。这并不是兰草根有多好，而是所浸的东西使它这样。希望你一定要找好所浸染的环境。我听说，君子居住时一定要选择好邻居，外出时一定要接近贤士。选择邻居是为了求得贤士，求得贤士是为了避开祸患。我听说人混杂在凡庸中就会改变品质，习染于世俗中就会改变本性，这个问题不可不慎重对待。”

四 《吴越春秋》《越绝书》：记载吴、越两国史事的重要典籍

关于“春秋五霸”，历来主要有两种说法，一种是齐桓公、晋文公、秦穆公、宋襄公、楚庄王，另一种是齐桓公、晋文公、楚庄王、吴王阖闾、越王勾践。说到吴王阖闾（*以及夫差*）和越王勾践，我们就会想到“吴越争霸”“卧薪尝胆”“西施入吴”等历史故事。细究起来，吴、越两国的历史之所以能广为流传，至今为人们所津津乐道，主要是故事本身十分精彩、颇具魅力，而精彩的故事，必然要有详细的史料作为支撑，这就要归功于《吴越春秋》和《越绝书》这两部古籍了。

《吴越春秋》

《吴越春秋》是综合反映先秦时期吴国和越国历史的史书，记录了吴、越两国的建立和发展历程，重点记载了两国此消彼长、惊心动魄的争霸过程。

（一）赵晔的传奇生平

一般认为，《吴越春秋》的作者是东汉学者赵晔。有关他的生平记录非常少，只有《后汉书·儒林列传》作了简短的介绍，现录如下：

> 赵晔字长君，会稽山阴人也。少尝为县吏，奉檄迎督邮，晔耻于厮役，遂弃车马去。到犍为资中，诣杜抚受《韩诗》，究竟其术。积二十年，绝问不还，家为发丧制服。抚卒乃归。州召补从事，不就。举有道。卒于家。晔著《吴越春秋》《诗细历神渊》。蔡邕至会稽，读《诗细》而叹息，以为长于《论衡》。邕还京师，传之，学者咸诵习焉。

赵晔年轻的时候曾经做过山阴县衙的小官，因为不愿执行迎接督邮的命令（大约要做些卑躬屈膝之事）而弃官。这大概会让我们联想到陶渊明，可见赵晔也是“不为五斗米折腰”的人，注重尊严，有着不屈的骨气和人格。只不过他的这个行为比陶渊明早了近三百年。弃官后的赵晔来到犍为郡资中县跟随杜抚学习《韩诗》，这一学就长达二十年，与家里音信不通，家人以为赵晔已经在异乡去世，甚至还给他置办了丧事。没想到，杜抚逝世后，赵晔回到了家乡，州里征召他作从事，管理州府的文件，但他没有应召。后来，他又被举为“有道”，即“有道术”，是深谙道义、有谋略的意思。最终病逝于家。从传记来看，赵晔是个心志高尚、专心向学之人，文中提到他有两部著作，其中之一就是《吴越春秋》。

（二）历史演义的滥觞之作

今天我们看到的《吴越春秋》是十卷，可分为前后两部分，前半部分叙述吴国史事，包括卷一《吴太伯传》、卷二《吴王寿梦传》、卷三《王僚使公子光传》、卷四《阖闾内传》、卷五《夫差内传》；后半部分叙述越国史事，包括卷六《越王无余外传》、卷七《勾践入臣外传》、卷八《勾践归国外传》、卷九《勾践阴谋外传》、卷十《勾践伐吴外传》。总体而言，于吴记载了从太伯立国到夫差亡国的过程，其中记述的重点是从阖闾刺王僚而即位到夫差败亡后的历史；于越记载了从大禹治水到勾践称霸后传八世而失国的过程，其中记述的重点是勾践胜吴称霸之事。

这部书大量取材于《左传》《国语》《史记》等典籍，但并不局限于此，而是加入了不少轶闻，其中恐怕还有作者的想象之词。此书还注重故事的完整性，以及故事的来龙去脉。所以，从记载史事这一点来说，它是一部史书；但从记载的内容和格调来说，它又不同于史家严谨的记述。于是，有学者认为这部书是介乎史家和小说家之间的作品，可谓是后代历史演义的滥觞。正因如此，这部书情节生动有趣，读起来较为轻松，吴、越两国的历史故事，也就广泛流传开了。

这部书对后世的影响也很大，不但史籍方志如《吴郡志》之类多取资该书，文学类作品更是从中获得灵感和素材，如唐代俗讲中的《伍子胥变文》、宋元话本中的《吴越春秋连像评话》、明清以后的许多剧目，也都是以此书为依据改编的。

在编纂体例上，本书也很有特色，应该说是赵晔吸取了司马迁《史记》中“本纪”“世家”“列传”各类之长，加以融会贯通而成的。全书大体采用《史记》“世家”的形式，标以传目，但在撰述中则有所变化、不拘一格。书中的每“传”基本上是编年记事，大致按历史顺序叙述史实，脉络清晰，吴、越盛衰之迹如在目前。在每传中，作者又常使用专记人物事迹的专传方式，使得传中有传，史实容量大大提升。在《王僚使公子光传》王僚五年"楚之亡臣伍子胥来奔吴"之下，记述了从伍子胥之父得罪到伍子胥逃亡，直至荐专诸准备刺杀王僚的详细过程，这实际上就是伍子胥辅佐阖闾成就霸业前的专传，展现的历史事件首尾完整，便于我们从中吸取经验教训。

详记对话也是本书的一大特色。书中记言之处俯拾皆是，长篇大论如阖闾与伍子胥关于强国之术的讨论、子贡游列国的说辞、勾践入吴前君臣励志与安排国事的对话、勾践与八大夫谋胜吴之策，等等。对话精彩且说理透彻，可以给人以启示。

总体而言，赵晔在《吴越春秋》中综合了多种记述方式，使本书既有清楚的时间线索，又有完整的事件叙述；既有丰满的人物形象，又有睿智的谋略对话。做到了史实丰赡而编排得体，不但具有可读性，而且增强了以古鉴今的价值。

（三）"可以劝诫万世"的价值

《吴越春秋》的价值，首先表现在史学方面。它是专门叙述吴、越地区历史的著作，如果我们要集中了解与吴、越相关的历史事实，这部书应该是首选。此外，书中记述吴、越的历史比《史记》等书要详尽得多，这就为人们提供了相对丰富的历史资料。再有，书中记述的一些史实与他书互有异同，可以起到参证的作用。

其次就是对历史的反思。历史总能给后人留下深刻的教训，赵晔站在历史关怀的高度对春秋末年吴、越争霸这一段历史进行了思考，并反映在《吴越春秋》中。这部书有着丰富的历史智慧，便于人们从中吸取经验教训，可以说是一部珍贵的历史教科书。针对大国争霸的客观形势，书中关注的重点是富国强兵之道和克敌制胜之法。要富国制敌首先就要治国，赵晔认为百姓是社稷的根本，要巩固江山就要实行"仁政"，要亲贤臣远小人。书中记载伍子胥的话说："臣闻治国之道，安君理民，是其上者。"勾践问政时，文种回答："爱民而已。"这都是古代民本思想的集中体现。书中还记载："夫君人尊其仁义者，治之门也。士民者，君之根也。开门固根，莫如正身。正身之道，谨左右。左右者，君之所以盛衰者也。愿王明选左右，得贤而已。"行仁义，爱士民，修己正身，选贤举能，这些观点至今仍有现实意义。有学者说此书"可以劝戒万世"，应该是中肯之论。

最后，作者对恩怨分明、最终为国捐躯的伍子胥，急人之难、重义轻命、不贪财物的渔父，乐于助人、舍身全节的击绵女，为尊严而死的吴王小女媵玉，有百步穿杨之技的陈音等人都怀有崇敬之情，这些人或品质高尚，或有一技之长，可以成为后人的榜样，也体现了赵晔重道义的人生追求。

当然，需要指出的是，《吴越春秋》中有着很多谶纬思想。比如吴王夫差发兵伐越，伍子胥谏曰：

> 今年七月辛亥平旦，大王以首事。辛，岁位也；亥，阴前之辰也。合壬子岁，前合也。利以行武，武决胜矣。然德在合，斗击丑。丑，辛苦之本也，大吉，为白虎而临。辛，功曹，为太常所临。亥，大吉，得辛为九，又与白虎并重。有人若以此首事，前虽小胜，后必大败。天地行殃，祸不久矣。

这样的一些结合干支、天象等因素，类似于卜筮预言的迷信思想，书中有不少，因此韩兆琦先生认为此书的缺点是“存在浓厚的阴阳五行观念，对伍子胥、文种等人的描写浸染了迷信色彩”。这一说法是恰当的。究其原因，汉代以来，特别是东汉建立以后，在社会的政治、思想等领域广泛存在着谶纬学说。赵晔无疑受到这种学说的影响，这是我们读《吴越春秋》时应该加以留意的。

《越绝书》

记载古代吴、越两国历史的专著，除了《吴越春秋》，还有《越绝书》。

（一）关于作者的争论

《吴越春秋》的作者是赵晔，这已成定论。但《越绝书》的作者，却是一个颇有争论的话题。目前来看，主要有四种观点：

其一，认为是子贡所作。最早著录《越绝书》的《隋书·经籍志》《旧唐书·经籍志》《新唐书·艺文志》，均标注为"子贡撰"。从《越绝书》本身来看，《越绝外传本事》《越绝篇叙外传记》两篇中也都有"子贡所作"的记述。然而，唐朝司马贞在《史记索隐》中说："《越绝书》云是子贡所著，恐非也。其书多记吴越亡后土地，或后人所录。”司马贞是现今所见最早怀疑《越绝书》为子贡所撰的人。宋朝陈振孙在《直斋书录解题》中对《越绝书》为子贡所作及其成书时代也提出疑问：“相传以为子贡者，非也。其书杂记吴越事，下及秦汉，直至建武二十八年。盖战国后人所为，而汉人附益耳。”

其二，认为是伍子胥所作。《崇文总目》在记录此书时，除标明“子贡撰”外，还补充了一句：“或曰子胥。”其实，《越绝书·越绝外传本事》中也说道：“一说盖是子胥所作也。”

其三，认为是无名氏所作。陈振孙《直斋书录解题》称：“《越绝书》十六卷，无撰人名氏。”《越绝书·越绝外传本事》则说：

“《越绝》谁所作？”

“吴越贤者所作也。”

……问曰：“作事欲以自著，今但言贤者，不言姓字，何？”

曰：“是人有大雅之才，直道一国之事，不见姓名，小之辞也。……”

看来，《越绝书》本身对于它的作者是谁都没有定论，这也就难怪后世争论不休了。

其四，认为是东汉人袁康、吴平合作。明正德、嘉靖年间，一些学者根据《越绝篇叙外传记》的一段隐语断定该书的作者为会稽人袁康、吴平。这段隐语说：

> 记陈厥说，略其有人。以去为姓，得衣乃成；厥名有米，覆之以庚。禹来东征，死葬其疆。不直其斥，托类自明；写精露愚。略以事类，俟告后人。文属辞定，自于邦贤。邦贤以口为姓，丞之以天；楚相屈原，与之同名。

这属于一种古人的“文字游戏”，“以去为姓，得衣乃成”，就是袁字；“厥名有米，覆之以庚”，就是康字。“禹来东征，死葬其疆”，指的是会稽人。“以口为姓，丞之以天”，是吴字；“楚相屈原，与之同名”，自然是平字。会稽袁康、吴平二人的名字赫然在目。

上述四种观点，都不是凭空捏造或者臆想而来。但据后人研究，每一种观点都有站不住脚的地方，《越绝书》本身就提供了三种观点，也是一个侧面的证明。目前，得到大多数学者肯定的观点是：《越绝书》非一时一人所作，原作者可能是战国时人，即所谓的“吴越贤者”，但其姓名已经不得而知；而书中也可能收入一些子贡和伍子胥的文字；到了东汉初年，此书又经会稽人袁康、吴平二人整理，撰写“外传”，重新厘定，流传至今。这也许是关于《越绝书》作者的一个比较客观、完整和清晰的结论了。

（二）主要内容和特点

《越绝书》今存十五卷，凡十九篇。其中，外传十三篇、内传四篇、内经两篇。在这十九篇中，首、尾两篇犹如序跋，首篇《越绝外传本事》陈述书名、作者及“经”“传”“内”“外”之别，阐明编纂宗旨；末篇《越绝篇叙外传记》概括前面诸篇，再次申述编纂主旨，并用隐语记录了编辑者的姓名。中间十七篇的内容，大多围绕一个人物、一个主题展开，记载吴、越两国人论治国用兵之道等，使后人能察其得失。详细而言，《越绝荆平王内传》详记伍子胥由楚奔吴之事，《越绝吴内传》记述伍子胥伐楚以及勾践、阖闾之间的征战，《越绝计倪内经》记述计倪进献兴农富国之术,《越绝请籴内传》记述勾践请籴之计以弱吴,《越绝外传纪策考》杂叙吴越争战,《越绝外传记范伯》记述越国得范蠡而兴国,《越绝内传陈成恒》记述子贡游说齐、吴、越、晋诸国之辞,《越绝外传计倪》讲述计倪进献行仁任贤之策,《越绝外传记吴王占梦》记述夫差不顾梦鉴而强行争霸终至灭亡之事,《越绝内经九术》讲述大夫文种进献伐吴的“九术”,《越绝外传记军气》记载伍子胥兵法以及二十八星宿,《越绝外传枕中》记述范蠡论治国为政之道,《越绝德序外传记》探讨吴、越二国成败兴亡之理。从这些篇目和内容来看，主要是以吴、越两国夫差、勾践的争霸与兴衰为中心，涉及一系列内政和外交活动。

此外，书中还有若干篇杂记性质的文章,《越绝外传记吴地传》记述吴国的世系与吴地地理,《越绝外传记地传》记述越国的世系与越地地理,《越绝外传记宝剑》讲述越国的物产传说,《越绝外传春申君》讲述曾分封在吴越之地的春申君的事迹。

《越绝书》的叙事体例，既不同于以记载人物为中心的纪传体，也不同于逐年以事系日、以日系月、以月系时、以时系年的编年体，而与南宋袁枢所创的纪事本末体相似。可以说，纪事本末体在《越绝书》中已初露端倪。所谓纪事本末体，是以历史事件为纲的史书体裁，即将重要事件分别列目，独立成篇，各篇所记史事按照时间顺序备述始末。这种文体以事件为主线，简化错综复杂的史事，从历史的成败得失中找出规律性的认识，从而达到“鉴往知来”的目的。《越绝书》的作者在撰写此书时大概就有这个意思。

除了类似纪事本末体的写法外，《越绝书》中还有评论性的文字。典籍中的评论，在《左传》《史记》中已经出现。《左传》在叙事中或叙事后往往以“君子曰”“君子是以曰”的形式对事件或人物进行评价。而司马迁的《史记》更创立了“太史公曰”的论断形式，其内容或阐明创作题旨，或议论统治者的得失，或评论历史人物等，起到了画龙点睛的作用。评论能够鲜明表现作者的立场和感情，同时给后人以警示或借鉴。《越绝书》中也有论赞性质的文字，或对历史事件发表看法，或对人物进行评价。如《越绝外传计倪》最后一段以“哀哉”的感叹形式发表议论，点明夫差败亡的原因，其中还有“宜求监（同“鉴”）于前史”“居安思危，日谨一日”这样的垂范之语。

（三）史鉴价值与思想启示

《越绝书》的价值，主要体现在“史鉴”上，这应该也是作者写此书的主要目的。

举例来说，吴、越两国要争霸，首先得富国，国不富就做不到兵强，所以书中有很多地方指出君主应该如何富国，不误农时就是其中重要一项，“凡举百事，必顺天地四时，参以阴阳。用之不审，举事有殃”，并一再告诫人们，农业生产与四时季节有着密切关系，“春生之，夏长之，秋成而杀之，冬受而藏之”，因此要按照节气来耕作，确保粮食的丰收。此外，君主有道、重视人才、选贤举能也是国家走向强大的关键，书中论述吴亡越兴的原因时说：

> 问曰：“吴亡而越兴，在天与，在人乎？”
> “皆人也。夫差失道，越亦贤矣。”

吴王夫差败亡，并非天意，而是他放弃贤臣、处事无道的缘故，后人当以此为鉴。

又如，中国古代一直强调重农抑商、重本轻末，而本书则提出了本末并举的治国思想，提出“农伤则草木不辟，末病则货不出”，这种富国富民的经济思想，在中国古代社会是很难得的。

再如，要争霸，除了国富还要强兵，因此书中许多篇章论述了强兵之道、战守之要，战争与政治、经济、外交之间的关系，以及天时、地利、人和等对战争胜负的影响。所以，人们很早就注意研究这部书的军事价值与军事思想。

最后，书中的经济思想也颇有启发性，这主要体现在《越绝计倪内经》《越绝外传枕中》两篇中。有学者指出，这两篇所反映出的经济思想可以看作是范蠡的经济策划，包含循环学说、贸易思想、价格理论三个方面。循环学说是一种用来指导人们经济活动的商情预测，尽管当时的社会和今天有本质的不同，但其预测的方法可以为今人提供一些经验和借鉴。另外，中国的经济发展沿海地区往往占有优势，并领先于内陆地区，今天如此，古代亦然。春秋时代处在山东半岛的齐国，“以区区之齐在海滨，通货积财，富国强兵”，齐桓公霸业由此而立。同样，地处东南沿海的越国，也因为推行贸易的政策，得以迅速发展。不同的地理环境，在发展经济时应该采取不同的策略和手段，这一点在先秦时期就有所体现了。

《吴越春秋》和《越绝书》的比较

既然《吴越春秋》和《越绝书》都是记载吴、越两国历史的典籍，那么它们之间有什么区别和联系呢？

首先，从历史叙事的时间跨度上来说，两书对吴、越两国的世系均有述及，但就下限而言，《越绝书》至东汉光武帝建武二十八年（52），超过了《吴越春秋》的时间范围。

其次，从内容上说，《吴越春秋》仅限于吴、越两国的世系以及与吴越争霸有关的史实、轶闻、传说，相对而言，《越绝书》的内容更为广博。《越绝外传记吴地传》《越绝外传记地传》所记虽然以吴越争霸为中心，但其内容却主要记载吴、越两国的地理；书中甚至有记载“战国四公子”之一春申君的《越绝外传春申君》，记载“伍子胥兵法”的《越绝外传记军气》。可以说，《越绝书》的内容涉及上自阖闾下至东汉的与吴、越之地有关的人物、事件、地理、风俗等，有些与吴、越争霸没有直接联系。

当然，由于两书都是以吴、越为记述中心，在内容上势必有很多相同的地方。甚至有学者提出“赵晔《吴越春秋》，又因是书（指《越绝书》而为之）”（陈垲《越绝书跋》），“赵晔《吴越春秋》之文，往往依傍《越绝》”（钱培名《越绝书跋》）。然而，由于两书的结构、体例、立意不同，使得叙事的繁简、侧重也不相同。《越绝书》各卷篇目内容相对独立，每篇内容完整，基本围绕一个中心事件和主题展开。但这样的结构设计也有弊端，那就是为了每篇叙事的完整，全书对重要事件重复记述的地方有不少，造成了一定的冗杂。与《越绝书》不同的是，《吴越春秋》立足于整体的叙事和情节塑造，以时间为主线，以吴、越两国各自的视角分别叙述史事，并对资料进行合理剪裁，使得全书简练完整、结构严谨。

再次，在思想倾向上两书也是不同的。《越绝书》的第一篇《越绝外传本事》就明确表明本书是为称颂勾践的功业而作：“以其诚在于内，威发于外，越专有其功，故曰《越绝》。”甚至书中对吴国的记述在某种程度上也都是为了衬托勾践“伐强吴，行霸诸侯”的德威。由此可见，《越绝书》是“抑吴显越”的。《吴越春秋》虽然没有直接指明立场，但我们也能从书中找出蛛丝马迹。作品以“春秋”为名，意在借鉴《春秋》的褒贬笔法，在体例设置上，以吴国为内传，以越国为外传，实际就已表明其“尊吴抑越”的思想倾向。不同的思想倾向，是由作者的情感和价值取向决定的。

最后，需要指出的是，无论是《吴越春秋》还是《越绝书》，都有“以古鉴今”“以史为鉴”的目的和作用，这是我们今天仍要重视此书、研读此书的原因。

经典诵读：《吴越春秋》选读

于是越王内修其德，外布其道。君不名教，臣不名谋，民不名使，官不名事。国中荡荡，无有政令。越王内实府库，垦其田畴，民富国强，众安道泰。越王遂师八臣与其四友，时问政焉。大夫种曰：“爱民而已。”越王曰：“奈何？”种曰：“利之无害，成之无败，生之无杀，与之无夺。”越王曰：“愿闻。”种曰：“无夺民所好则利也，民不失其时则成之，省刑去罚则生之，薄其赋敛则与之，无多台游则乐之，静而无苛则喜之。民失所好则害之，农失其时则败之，有罪不赦则杀之，重赋厚敛则夺之，多作台游以罢民则苦之，劳扰民力则怒之。

臣闻善为国者，遇民如父母之爱其子，如兄之爱其弟。闻有饥寒为之哀，见其劳苦为之悲。”越王乃缓刑薄罚，省其赋敛。于是人民殷富，皆有带甲之勇。（节选自《吴越春秋·勾践归国外传》）

从此，越王在国内修养自己的德行，对外施行自己的教化。君主不把自己的工作说成是推行教化，大臣不把自己的工作说成是出谋划策，百姓不把自己的工作说成是被役使，官吏不把自己的工作说成是侍奉君主。在国中，一切平静安稳，看似没有政令存在一样。越王在国内充实府库，开垦国内的田地，使得百姓富足，国家强盛，民众安乐，秩序正常。越王于是将八位大臣和他们的朋友当作老师，时常向他们请教从政的方式。大夫文种说：“治国的原则不过是爱民而已。”越王问：“应该怎样爱护民众呢？”文种说：“使他们得利而不要损害他们，使他们成功而不要让他们失败，使他们生存而不要杀害他们，给予他们而不要掠夺他们。”越王说：“我愿闻其详。”文种说：“不夺取百姓喜欢的东西，就能使他们得利；不让百姓错过农时，就能使他们成功；减少刑法免去惩罚，就能使他们生存；减轻他们的赋税，就是给予他们了；不要多造亭台，不要游猎，就会使他们感到快乐；安静处事而无苛政，就能使他们感到高兴。民众丧失自己喜欢的东西，那就是损害他们；农民错过了农时，就是让他们失败；有了轻罪却不得赦免，那就是要杀死他们；赋税沉重，就是掠夺他们；多营造亭台，多去游猎，以致百姓疲劳不堪，就会使他们痛苦；因为劳役增多而增加民力，百姓就会愤怒。我听说，善于治理国家的人，对待民众就像父母对待孩子一样，就像哥哥爱护弟弟一样。听说他们饥寒交迫，看见他们辛勤劳苦，就会感到悲伤。”越王于是放宽了刑法，减轻了处罚力度。这使得百姓十分富足，都有了上阵杀敌的勇气。

吴王曰：“越王勾践有急，而寡人与之，其德章而未靡，勾践其敢与诸侯反我乎？”

申胥曰：“臣闻圣人有急，则不羞为人臣仆，而志气见人。今越王为吾浦伏约辞，服为臣下，其执礼过，吾君不知省也而已，故胜威之。臣闻狼子野心，仇雠之人，不可亲也。夫鼠忘壁，壁不忘鼠，今越人不忘吴矣！胥闻之，拂胜，则社稷固，谀胜，则社稷危。胥，先王之老臣，不忠不信，则不得为先王之老臣。君王胡

不览观夫武王之伐纣也？今不出数年，鹿豕游于姑胥之台矣。”（节选自《越绝书·越绝清籴内传》）

吴王（夫差）说：“越王勾践有饥荒困难的时候，我帮助了他，我对他的恩德彰明显著，广大无边，难道他还敢联合诸侯反叛我吗？”

伍子胥说：“我听说圣人在遇到困窘时，也不会以做别人的臣仆为羞耻，况且，他的非凡志气还是能够被人看出来的。现在越王勾践在我们的国君面前匍匐而行，闭口少言，归顺而为奴仆下人，他所奉行的礼节是过分的，只是我君没有察觉辨识罢了，所以才感到自己胜过了他，对他有威慑。我听说狼脱不了野心，仇人是亲近不得的，这正如老鼠忘了墙壁，但墙壁忘不了老鼠一样。现在，越国人也绝不会忘记向我们吴国报仇雪恨！我还听说，能够拨乱反正，国家就会稳固；阿谀奉承占了上风，国家就会危险。我是先王的老臣，假如对国家不忠不信，那么也就不能称为是先王的老臣了。君王为什么不看看周武王讨伐商纣王的故事呢？我认为用不了几年的时间，鹿、猪之类的野兽、牲畜就会在吴国的姑胥台驰骋了。”

五 《洛阳伽蓝记》：一部“拓跋之别史”

北魏人的著述传世者不多，其中贾思勰的《齐民要术》、郦道元的《水经注》和杨衒（xuàn）之的《洛阳伽蓝记》可谓是三部杰作。《洛阳伽蓝记》这部历史地理名著，其内容以记录洛阳佛教寺庙为主，书名中的“伽蓝”是梵文（音译为僧伽蓝）音译的略称，意思是僧院、佛寺，伽，读作“qié”。除记录佛寺外，书中还记叙了北魏定都洛阳期间的政治事件、重要人物、风俗地理、文化交流、传闻故事等，生动再现了当时的历史风貌，对正史中记载的不足具有补益之功，具有极大的文化价值与历史价值。

作者的姓氏、籍贯问题

《洛阳伽蓝记》的作者，名衒之；而他的姓，从隋唐以来的各种著作所记来看，则有“杨”“阳”“羊”三种写法：《隋书·经籍志》、隋代费长房《历代三宝记》、唐代释道宣《广弘明集》（嘉兴藏本）、《大唐内典录》、唐代释道世《法苑珠林》、《旧唐书·经籍志》、宋代郑樵《通志·艺文略》、宋代陈振孙《直斋书录解题》、《宋史·艺文志》等均写作“杨衒之”。《广弘明集》（大正藏本）、《新唐书·艺文志》、元修《河南志》等作“阳衒之”。唐代刘知幾《史通·补注篇》、宋代晁公武《郡斋读书志》等则写作“羊衒之”。

清乾隆时期修《四库全书》，馆臣撰写了《四库全书总目提要》，其中记载道：“《洛阳伽蓝记》五卷，后魏杨衒之撰。刘知幾《史通》作‘羊衒之’，晁公武读书志上同，然隋志亦作杨，与今本合，疑《史通》误也。”也就是说，《四库》馆臣认为“羊”是误字，应为“杨”，但对“阳”姓则未发一词。又唐代释道宣《广弘明集》卷六《叙列代王臣滞惑解》中提到该书作者是“北平人”，故有学者提出“羊”为泰山姓氏，望非北平，当为传写之误。因此，后世争论者一般置“羊”姓而不论，将焦点集中在“杨”“阳”两姓氏上。

学者周延年先生力主“阳”姓，他曾作《杨衒之事实考》一文论证说：

> 详考《北史》及《魏书》杨氏达者无北平籍，而《魏书·阳固传》：
>
> 固字敬安，北平无终人。有三子。长休之，次诠，三未详。《北史》固传称有五子，长子休之传云：

弟綝之，次俊之，与衒之名字排行次第相符。休之且长文学，为史官，有声当时，则北平之阳氏以文章传家，已可概见。衒之若果为阳姓，其为休之之弟及族昆弟，必无疑矣。

然而，也有一些学者以为，周先生的说法固然有其道理，但仅据籍贯和门风推论这部书的作者姓阳，未免失之于武断。理由是：其一，自司马迁《史记》作“太史公自序”后，古人著书多撰“自序”，追述家世和阐述写作宗旨。《洛阳伽蓝记》的作者若果为北平阳氏，阳氏在北朝乃文章世家，衒之为何在“自序”中未谈及其家学渊源呢？非但如此，实际上我们在书中找不到有关阳氏的只言片语。相反，作者在书中自称“杨衒之”：“杨衒之云：崇善之家，必有余庆。积祸之门，殃所毕集。”（卷四“宣忠寺”条）其二，从《魏书》《北史》等记载来看，阳氏作为当时的望族，其重要人物应该被写入传记，至少也会提到姓名，但这些典籍中均未出现“阳衒之”的名字。且阳氏家族所居之北平无终，早在北魏太武帝时就并入了幽州渔阳郡，此后北魏境内的两个北平郡，其一隶属于平州，另一辖于定州。作为北平人的衒之，无论是定州北平人还是平州北平人，都与渔阳阳氏家族无关。

衒之究竟姓“杨”还是“阳”，至今尚无定论。大多数学者如余嘉锡、范祥雍、刘跃进、詹秀惠等人认为以“杨”姓为妥，本文从之。

至于作者的籍贯，也存在争论。原因上文中有所提及，就是史料记载杨衒之为“北平人”，这个北平可不是今天的北京，而是北平郡。可在北魏时期有两个北平郡，一属定州，一属平州，具体是哪个“北平郡”，史书没有明确的记载。据后人考证，杨衒之祖籍为平州北平郡（今河北遵化）的可能性更大些。原因是“北平”之名，起于汉代的右北平郡，其地在今河北省东北部一带，所以平州的“北平郡”当沿自汉魏，是本名。至于定州的“北平郡”，则是北魏时因定州多有平州北平郡人，故另设一“北平郡”，这与南朝在京口设南徐州、襄阳设雍州是一个道理，属于侨置州郡之例。也就是说，定州北平郡是平州北平郡的人大量来到定州后起的名字，那么多数定州北平郡人的祖籍就应属平州。目前，这一观点为多数学者所接受。

创作年代及主旨

杨衒之的生平仕历，从现存的史料大致可知他生活在北魏末年到东魏时期，曾担任过奉朝请、期城太守、抚军府司马和秘书监等官职。他写《洛阳伽蓝记》时，正是在抚军府司马这一职位上。

杨衒之写《洛阳伽蓝记》的社会背景，是由于从东晋十六国以来，社会动乱，佛教广为流行，以致“泛滥成灾”。上自皇帝、贵族、官僚，下至平民百姓，都笃信佛教，以求精神上的解脱。特别是在北魏时期，佛教尤其盛行。文成帝拓跋濬在平城就曾凿山建佛窟五所，即今日世界闻名的云冈石窟。到了孝文帝元宏迁都洛阳后，更是大规模地兴建佛寺。特别是胡太后主政时期，崇佛尤甚，下令在伊阙山造石窟寺，宫侧建永宁寺，铸丈八金佛一尊、中等佛像十尊、玉佛两躯；造九层宝塔，高九十丈，塔上立柱高十丈，夜静铃铎声传十里不绝。有学者称，佛教传入中国，塔寺建筑，规模宏大，以胡太后为最。据《洛阳伽蓝记》统计，在永熙之乱以前，仅洛阳的寺庙就有1367所，而西晋末年洛阳的佛寺仅为42所，发展速度十分惊人。当时的洛阳城“招提栉比，宝塔骈罗”。

然而，在永熙三年（534），北魏内部发生混战，孝武帝元修与大丞相高欢决裂，逃到关中投奔宇文泰，高欢于是在邺城（今河北临漳）拥立元善见为帝，是为东魏。后来，元修被宇文泰所杀，宇文泰在长安立元宝炬为帝，是为西魏。此时的杨衒之到了东魏，而昔日繁华的北魏都城洛阳便从此衰落下去。

东魏孝静帝武定五年（547），杨衒之重过洛阳，眼见往日的繁华荡然无存，庙宇多被破坏，满目荆棘，不禁感慨，写了这部《洛阳伽蓝记》。

杨衒之写这部书的主旨有两点：

其一，是寄托怀念故国的情思。正如作者在“序”中所说：

至武定五年，岁在丁卯，余因行役，重览洛阳。城郭崩毁，宫室倾覆，寺观灰烬，庙塔丘墟。墙被蒿艾，巷罗荆棘，野兽穴于荒阶，山鸟巢于庭树。游儿牧竖，踯躅于九逵；农夫耕老，艺黍于双阙。始知《麦秀》之感，非独殷墟；《黍离》之悲，信哉周室！京城表里，凡有一千余寺，今日寥廓，钟声罕闻。恐后世无传，故撰斯记。

杨衒之眷怀故国，情系北魏，强烈的遗民意识和深沉的《黍离》之悲，成了他著书的第一个强大推动力。清代唐晏称衒之“身丁元魏之季，见夫胡后贪权，废长立少，诸王酣豢，纵欲养骄，大臣无元良之佐，宦寺逞城社之威，文士优柔，武夫跋扈，遂以酿成河阴之祸。……逮夫鸾辂西行，邦圻迁邺，元氏之局告终，渤海之基方肇，而衒之又所目睹。《黍离》之悲，无可寄慨，乃于《洛阳伽蓝记》托其怀旧之思焉”。所说极为中肯。

其二，是借此书针砭时事，总结北魏衰亡的经验教训，为统治者提供历史借鉴。唐代释道宣《广弘明集》中说：“衒之见寺宇壮丽，损费金碧，王公相竞，侵渔百姓，乃撰《洛阳伽蓝记》，言不恤众庶也。”北魏统治者对宣扬佛法不遗余力，大肆建造佛寺，岁无虚日，耗费了大量的人力、物力、财力，弄得民不聊生，严重阻碍了社会的发展。杨衒之有感于此，对当时统治者的奢靡腐朽和佛门的种种弊端进行了揭露和抨击。他在《上东魏王启》中写道：“释教虚诞，有为徒费。无执戈以卫国，有饥寒于色养。逃役之流，仆隶之类，避苦就乐，非修道者。又佛言有为虚妄，皆是妄想。道人深知佛理，故违虚其罪。”同时，在《洛阳伽蓝记》中，作者对寺庙建置的侈滥也做了重点描写，还将宝刹与汉武帝的灵台、将佛殿与秦始皇的阿房宫相比，讽刺、批判、警示之意不言自明。

文注问题

《洛阳伽蓝记》共五卷，分为城内、城东、城南、城西、城北，追记了北魏时期洛阳佛寺的兴衰，兼及当时的社会政治、经济、人物、军事、风俗、地理、建筑、谚语、故事传闻、风土人情等。行文结构基本上是一寺一条，使人一目了然。作者以当时之人，记当时之事，堪称实录。特别是对北魏孝文帝迁都、胡太后佞佛、朝中变乱、官吏贪赃枉法、沙门侵占民财等事的叙述，可以补正史的不足，是不可多得的宝贵史料。

杨衒之撰写此书时，为了既保证材料的完善，同时又兼顾行文流畅，采用了正文和自注两部分既分列又配合的编写体例，其形式是自注以小字夹附于正文中。这一点可以从刘知幾《史通》中得到印证。也就是说，在唐朝时还能分辨出正文与自注。然而宋代以后，大小字混淆，自注混入了正文当中，从此官、私书目中再也见不到有关其自注的介绍。由于行文风格一致，加之正文与自注相辅相成，不会影响阅读，后人也就没有对这一问题提出疑问。

直到清代中期，考据学盛行。纪晓岚首先提出《洛阳伽蓝记》这部书应该和《水经注》一样有正文也有注，可惜《洛阳伽蓝记》的自注丢失了。同为清代考据家的顾广圻经过研究认为这本书的自注并没有散佚，而是在传抄过程中被混入了正文。也就是说《洛阳伽蓝记》在流传的过程中并没有丢失内容。顾广圻的这个发现给当时正在研治《洛阳伽蓝记》的吴若准以很大启发，他于道光十三年（1833）撰成《洛阳伽蓝记集证》（以下简称《集证》），将正文与自注区分开来。《集证》的刊行，为恢复自注进而恢复原书的面貌作出了贡献，引起了很大的反响。到了咸丰年间，学者唐晏有感于《集证》中区分的正文与自注不能反映原作的本意，于是采用了根据《水经注》的体式来辨析《洛阳伽蓝记》的方法，并撰成《洛阳伽蓝记钩沉》，重新确定正文与自注。

此后，研究《洛阳伽蓝记》者不乏其人，像范祥雍的《洛阳伽蓝记校注》、周祖谟的《洛阳伽蓝记校释》等，都在前人的基础上有所创新，研究者对正文和自注问题都特别地提出了自己的看法。

当代学者杨勇，在前人研究的基础上写成《洛阳伽蓝记校笺》。此书历评前人得失，集诸家之所长，文注分明，校笺精当。尤其在正文和自注的体例问题上，作者进行了较为科学合理的划分，他的依据是："凡言寺之由来，坊里所在，及人物名胜建置者为正文，而考订该寺所在，坊里人物之文献则为子注，时人言行，以及诡幻怪异之事，亦系于其间。"可谓切当。

现代价值

首先，《洛阳伽蓝记》具有较高的文学价值，这一点在《四库全书总目提要》中有明确的反映：

> 魏自太和十七年作都洛阳，一时笃崇佛法，刹庙甲于天下。及永熙之乱，城郭丘墟。武定五年，

> 衒之行役洛阳，感念废兴，因捃拾旧闻，追叙古迹，以成是书。……各署其新旧之名，以提纲领，体例绝为明晰。其文秾丽秀逸，烦而不厌，可与郦道元《水经注》肩随。

这是对此书文笔优美的褒扬。

其次，《洛阳伽蓝记》具有较高的历史和文化价值。此书以记载洛阳佛寺为主，从书中我们可以了解到北魏当时寺院的布局、建造来源、建筑风格、园林景观等。此外，书中还展现了北魏时期的社会风貌。像北魏的“伎乐之盛”在书中就有充分的体现。“伎乐”是我国汉代以来源自民间，而后进入宫廷的俗乐的概称，也叫“散乐百戏”，它不仅仅指音乐，还包括幻术、武艺、杂技等表演，但以音乐贯穿始终。此书卷一“城内”记载的由刘腾所立的长秋寺，在每年的四月四日，举行寺内释迦牟尼像的行像活动，由百戏演员装扮成辟邪狮子等瑞兽，导引其前，演员们则表演吞刀吐火等幻术和杂技，且“奇伎异服，冠于都市”。在说到景乐寺时，则有“至于六斋，常设女乐，歌声绕梁，舞袖徐转，丝管嘹亮，谐妙入神”的记录。书中还详细记载了都城洛阳的经济状况，像通过此书卷四“法云寺”条和卷五“凝玄寺”条，我们可以得知：第一，洛阳地区由于手工业的发展，匠户增多，居住集中，出现了手工业区；第二，为了营业便利，加强相互往来，便有了同业的商业区；第三，商人的势力越来越大，以至出现像刘宝这样甚至可以左右朝政的商人。这些可以补其他史书的不足。需指出的是，书中还生动描写了一些人物形象，如徐月华、田僧超、朝云三位演奏家，又如刚烈贞洁的寿阳公主等。因此，有人称《洛阳伽蓝记》为一部“拓跋之别史”。

最后，书中揭露了胡太后专政、贵族腐化、军阀骄横、宦官乱政等弊端，体现了作者的政治立场，同时警示了后世的执政者。据统计，书中记载胡太后多达二十处，说“太后临朝，阍寺专宠，宦官之家，积金满堂”，她还倾天下人力、财力，兴造庙宇。胡太后崇信佛法，广造庙宇，为的是祈福免灾，稳掌政权，结果却适得其反，母子相残，皇帝被杀，自己也难逃厄运。原因在于胡太后任用奸佞，纵容腐败，又极尽奢华，劳民伤财，这样的执政者怎能不败？谈到北魏贵族荒淫腐化时，“高阳王寺”条记载高阳王元雍的豪侈时说：“贵极人臣，富兼山海。居止第宅，匹于帝宫。……僮仆六千，妓女五百，隋珠照日，罗衣从风。自汉晋以来，诸王豪侈，未之有也。”可见，北魏统治集团腐朽到何等地步，北魏政权的灭亡已成必然之势，而后世执政者更当以此为鉴。

经典诵读：《洛阳伽蓝记》选读

永宁寺，熙平元年灵太后胡氏所立也。在宫前阊阖门南一里御道西。其寺东有太尉府，西对永康里，南界昭玄曹，北邻御史台。阊阖门前御道东有左卫府，府南有司徒府。司徒府南有国子学，堂内有孔丘像，颜渊问仁、子路问政在侧。国子学南有宗正寺，寺南有太庙，庙南有护军府，府南有衣冠里。御道西有右卫府，府南有太尉府，府南有将作曹，曹南有九级府，府南有太社，社南有凌阴里，即四朝时藏冰处也。

…………

外国所献经像，皆在此寺。寺院墙皆施短椽，以瓦覆之，若今宫墙也。四面各开一门。南门楼三重，通三阁道，去地二十丈，形制似今端门。图以云气，画彩仙灵，列钱青璅，赫奕华丽。拱门有四力士、四狮子，饰以金银，加之珠玉，庄严焕炳，世所未闻。东西两门亦皆如之，所可异者，唯楼两重。北门一道，上不施屋，似乌头门。其四门外，皆树以青槐，亘以绿水，京邑行人，多庇其下。路断飞尘，不由渰云之润；清风送凉，岂借合欢之发？

诏中书舍人常景为寺碑文。

装饰毕功，明帝与太后共登之。视宫内如掌中，临京师若家庭。以其目见宫中，禁人不听升之。

衒之尝与河南尹胡孝世共登之，下临云雨，信哉不虚！

永宁寺，熙平元年灵太后胡氏所建造，在皇宫前阊阖门南一里处的御路西面。这个庙的东面有太尉府，西面对着永康里，南面与管理僧尼的机构——昭玄曹分界，北面靠着御史台。阊阖门前御道东有左卫府，府南有司徒府。司徒府南有最高学术机构国子学堂，堂内供奉有孔子圣像，两边还有“颜渊问仁”“子路问政”的壁画。国子学南有专管皇族事务的宗正寺，寺南有太庙，庙南有护军府，府南有衣冠里。御道西有右卫府，右卫府南有太尉府，太尉府以南有专管建筑修造的将作曹，将作曹南有九级府，府南有太社，社南有凌阴里，即武帝、惠帝、怀帝、愍帝四朝专门用以储存冰块的地方。

…………

外国所献的经像，都收藏在这个庙内。庙的院墙都加了短的木椽，用瓦盖上，像今天的宫墙。四面各自开一扇门。南门楼三层，通往三条阁道，离地面二十丈，形状规制像现在洛阳城的正门。画上云气，画上彩色的仙人，再装上列钱和刻上青色的花纹，整个气象光明显赫而华丽。拱门前有四个力士、四只狮子的雕像，用金银装饰，镶上珠玉，庄严光彩，世上都未曾见过。东西两门也都这样，所不同的是，门楼只有两层。北门一路，上面不加屋，像乌头门。四门以外，都种上青槐，环绕着绿水，京城里的行路人，多庇护在树阴下。路上没有飞起的尘土，不是因为湿云的润湿；清风送来凉意，哪里靠团扇的扇动？

胡太后下诏命令中书舍人常景作寺庙碑文。

永宁寺装饰完毕，明帝同太后一起登临。宫城看上去如同手掌之物，京城巡视起来像居民的庭院。因为能看见宫内，所以禁止人们登塔。

我曾经同河南尹胡孝世共同登上去，俯视云雨，确信此话不假！

六　《水经注》：中国古代一部系统的综合性地理著作

北宋文学家苏轼的《石钟山记》开篇说道：“《水经》云：‘彭蠡之口，有石钟山焉。’郦元以为下临深潭，微风鼓浪，水石相搏，声如洪钟。”其中的“郦元”指的是北魏地理学家郦道元，而他的代表作就是《水经注》。

这是一部怎样的书

中国自古以农业立国，所以人们十分重视对水的利用和治理，古书中对河流也多有描述和记载。像《尚书·禹贡》和《山海经》，就已经出现了有关水道分布的记录。《汉书·地理志》则用极简的文字，将西汉时期三百余条水道的情况做了勾勒。东汉许慎的《说文解字》虽说是一部按汉字部首进行编排的字典，但在“水部”中则留下了一百余条单名水道的简略记载。

随着社会的发展，人们对河流的利用和改造有了很大进步，对河流的认识也不断提高，《禹贡》《山海经》《汉书·地理志》中关于河流的记载已不能满足当时人们的需要，于是专门记载河流的著作开始出现，《水经》就是其中一部。

关于《水经》这部书的名称，有必要作个交代。中国古代，每一条河流都有它的专名，“河”是黄河的专名，“江”是长江的专名，后来才把“江”“河”二字借用为一切河流的通称。那么，河流除了专名外，有没有通称呢？有，当时河流的通称为“水”，黄河称“河水”，长江称“江水”，其他如“济水”“淮水”“渭水”等。既然古人将河流通称为“水”，又将重要的书籍称为“经”，因此，这部专门记载河流的专著就定名为《水经》。

关于《水经》的作者，《新唐书·艺文志二》记载得较为清楚：“桑钦《水经》三卷，一作郭璞撰。郦道元注《水经》四十卷。”此后，许多公私图书目录中，《水经》的撰者都写作桑钦。

按照《新唐书》的说法，《水经》的作者或为桑钦，或为郭璞。郭璞撰《水经》一事，清朝初年一些学者经过考证，已经否定了这个说法。理由是郭璞在注《山海经》时，曾引用《水经》八处，如果《水经》是他自己所写，又何必引用他人的著作呢？至于桑钦是否撰写过《水经》一书，学者们则有不同的观点。清人胡渭在《禹贡锥指·例略》中指出：《水经》一书“创自东汉而魏晋人续成之，非一时一手作”。《四库全书总目·地理类二·水经注》则根据《水经》中出现的地名作了考证：“观其涪水条中，称广汉已为广魏，则决非汉时。钟水条中，称晋宁仍曰魏宁，则未及晋代。推寻文句，大抵三国时人。”还有学者认为《水经》作于新莽时代。

虽然《水经》的作者和成书年代都存在疑问，但这部书在中国地理学史上却有着重要的地位和价值，它开创了水志的记述体裁，确立了以水证地的方法。

郦道元为什么撰写《水经注》

郦道元，字善长，北魏著名地理学家，其家乡在今河北涿州一个被称为郦亭的村庄。郦道元出身官宦人家，父亲郦范在北魏曾任青州刺史等职。郦范去世后，郦道元承继了父亲永宁侯的爵位，出任尚书主客郎一职，由此开始了他十多年的京官生涯。后来，他又任冀州镇东府长史、东荆州刺史等地方官。最后在关右大使任上遇害。朝廷追赠其为吏部尚书、冀州刺史。

郦道元一生好学，生前有不少著述，但流传后世的唯有《水经注》一种。这部书共四十卷，是郦道元在为官之暇，利用所搜集到的各种文献与实地考察所得的资料而撰就的一部“宇宙未有之奇书”（刘继庄《广阳杂记》）。那么，郦道元为什么要撰写这部书呢？其动机大致有三：

第一，郦道元钟情于地理，深爱于山河。

郦道元一生热爱地理学事业，钟情于地理研究。从《水经注》全文来看，他记述水道，结构谨严，脉络分明，条分缕析；注释旁征博引，考辨详细，勘正谬误，尽显一位地理学家的学识和风范。《水经注序》还记录了他亲自考察、研究地理的活动：“脉其枝流之吐纳，诊其沿路之所躔，访渎搜渠，缉而缀之。”郦道元做官因公出差时也不忘拨冗进行实地考察，访问地方官吏，寻访古迹。书中说道：“余顷因公至彼，故往寻之，其穴处犹存。”（卷五《河水》）在实地考察的同时，他还与地图比对，以究其实。郦道元不仅精于自然地理，还精于人文地理，由此深得朝廷的信任和重视，曾多次奉诏设置州县等地方行政区。

此外，郦道元还深爱着中国的美丽河山。在任地方官时，他每到一处，除认真进行地理考察外，还满怀热情地欣赏美丽的山水，用心与大自然交流，体会山水之趣。因此，笔下的山水草木多带有情感，渗透着他对自然的亲近、欣赏和热爱之情。面对佳山丽水，他常用一句简短而直抒胸臆之语将自己的感受和盘托出。如“望之极为奇观矣”（卷六《浍水》）、“信为游神之胜处也”（卷十二《巨马水》）等。不仅如此，书中还有大量篇幅描写如长江三峡、杭州灵隐山、庐山瀑布等足迹未达到的地方，这些地方的自然风景，在郦道元的笔下同样生动细腻。在《水经注》以前，描写中国自然风景的地理著作很少，而郦道元在这方面予以重视，则充分表明他对国家山河的热爱。

还需指出的是，南北朝时期的中国处在分裂状态，但生活于北朝（具体说是北魏）的郦道元在注《水经》时，没有拘泥于北方地区，而是将南北融为一个整体，这表明他具有统一中国的理想和志向。可以说，郦道元用毕生的心血，把一个统一中国的锦绣河山，描绘在了这部书中。

第二，补《水经》粗陋简略之失。

《水经》一书的内容是相当简略的。《唐六典》曾说这部书“引天下之水百三十七”，后因残缺，仅存河流一百一十六条。对每条河流只是很简略地叙述了它的发源、流向和归宿。这显然不能满足当时人们的需要，因此就要对《水经》加以完善。

那么，郦道元为什么独独选中《水经》一书呢？他在《水经注序》中做了交代：

> 昔《大禹记》著山海，周而不备；《地理志》其所录，简而不周；《尚书》《本纪》与《职方》俱略；都赋所述，裁不宣意；《水经》虽粗缀津绪，又阙旁通。所谓各言其志，而罕能备其宣导者矣。

原来，作为地理学家的郦道元熟谙前人的地理著作，认为它们都不够完备。相较之下，《水经》一书虽记载简略，但还算有条理，是这些地理作品中最好的一部。因此，他决定选《水经》为底本，附其枝要，布广前文，详加注释。

从结果看，《水经注》确实弥补了《水经》的不足。《水经》共三卷，一万多字，而《水经注》全书四十卷，三十二万余字，篇幅是前者的三十余倍。《水经注》记载河流一千二百五十余条，是《水经》的十倍。郦道元不仅逐条详细记述每一水道的源头、流向、经过、支津、汇合、归宿，以及水道沿革等情况，而且还对每条水道流域内的自然景观和人文景观进行了描绘。不仅如此，《水经注》还记录了水利工程、风土人情、物产资源、神话故事、历史传说，并引用了大量的民歌谣谚、诗赋文等，富有丰厚的文化底蕴。

如果《水经》只能算作一部简略记载水道的地理书，那么《水经注》不仅是一部详记水道的地理名著，而且还具有历史、考古、民俗、文献、目录等学术价值，以及卓越的文学价值，堪称南北朝时期水道方面的百科全书。

第三，勘正《水经》的错误。

除了丰富《水经》的内容之外，纠正《水经》中的错误也是郦道元撰写《水经注》的一个动机。相较而言，纠正错误这项工作的意义显得更为重大。因为，如果人们将错误的地理知识运用于实践当中，很可能会带来巨大损失。所以，《水经注序》指出：“《经》有谬误者，考以附正。”

治学严谨的郦道元考订了《水经》中的诸多错误，比如他写道：“河水又东分为二水，枝津东径甲下城南，东南历马常坑注济。《经》言济水注河，非也。”（卷五

《河水》）他又写道："㶟水又东北，径蓟县故城南，《魏土地记》曰：蓟城南七里有清泉河，而不径其北。盖《经》误证矣。"（卷十三《漯水》）

郦道元的治学方法

《水经注》之所以受到后世的广泛重视和好评，与郦道元在此书上花费的心血是分不开的。这部书体现了郦道元的多种治学方法，直到今天，这些方法仍对我们研究和解决问题有着积极的借鉴意义。

其一是广泛地占有资料。

资料是基础，没有资料而空谈理论，就如沙漠中盖房子，楼层越高，越有坍塌的危险。《水经注》一书从地域范围来说，除了基本以西汉王朝的疆域为对象外，还涉及了当时不少的域外地区，如印度、中南半岛和朝鲜半岛等。从时间上说，它上起先秦，下至南北朝时期。就内容来说，它包括自然地理、人文地理、山川胜景、历史沿革、风俗习惯、人物掌故等。牵涉如此多信息的一部巨著，其资料工作的艰巨性是可以想象的，但郦道元做到了。

全书究竟引用了多少种典籍，很难估计。仅从书中列出的来看，就有四百三十余种。这些资料，大体可以分为十类：一是经书，就是我们通常说的“四书”“五经”。二是诸子，就是从先秦到汉初各派学者的著作，如《老子》《庄子》《管子》《墨子》等。三是历史书，除《史记》《汉书》等正史外，还有《皇览》《帝王世纪》《吴越春秋》等。四是地理书，包括《山海经》《十三州志》《地理风俗记》等。五是地图，郦道元在作注时，参考了许多地图，以便对文字记载有更加直观的理解，其中有全国范围的地图，如《括地图》《禹贡图》《晋舆地图》等，也有区域性的地图，如《关中图》。六是方志，方志是我国历史上记载地方情况的综合性著作，是研究区域历史地理的重要典籍，《水经注》涉及河流流经的各个地区，这类材料自然十分重要。郦道元注《水经》，引用方志很多，因此有学者称：“郦注精博，集六朝地志之大成。”七是传记，如《逸民传》《列仙传》《文士传》等。八是诗赋，如《诗经》《楚辞》《大河赋》《江赋》《五湖赋》等。九是书信，如《诸葛亮与兄瑾书》《朱超石与兄书》等，书信往往含有史书不载却又很有价值的内容，因此是十分可贵的。十是辞书，如《说文解字》《尔雅》《释名》等。此外，郦道元还将搜集到的金石碑刻运用于注释中。还需指出的是，郦道元所用资料，有些已经亡佚，幸赖《水经注》一书而得以保存。

其二是谨慎地分析资料。

有了资料作为基础，下一步就是对资料进行分析，去粗取精，辨讹核实，从而将可靠的史料运用于注释当中，以便保证《水经注》的可靠性和权威性。这方面，郦道元也是做得很到位的。这里试举一例。

《水经注》卷四《河水》中说：

> 河南即陕城也。……戴延之云：城南倚山原，北临黄河，悬水百余仞，临之者咸悚惕焉。西北带河，水涌起方数十丈，有物居水中，父老云：铜翁仲所没处。又云：石虎载经于此沈（同“沉”）没，二物并存，水所以涌，所未详也。或云：翁仲头髻常出，水之涨减，恒与水齐。晋军当至，髻不复出，今惟见水异耳，嗟嗟有声，声闻数里。

关于铜翁仲的故事，出自戴延之的《西征记》。戴延之也是据这一带父老所说的记载，认为黄河在这个河段急流汹涌，是因为有铜翁仲没入水中。那么，这个说法有没有道理呢？郦道元分析各种资料，得出了自己的结论：

> 余以为鸿河巨渎，故应不为细梗踬湍；长津硕浪，无宜以微物屯流。斯水之所以涛波者，盖《史记》所云：魏文侯二十六年，虢山崩，壅河所致耳。

应该说，郦道元的分析是很有道理的。对于滔滔黄河水来说，一个铜人在水中，只不过是一个“细梗”“微物”而已，是不可能引起急流的。山崩壅河，或者说一种更大规模的山体滑坡现象，才能导致这样的结果。郦道元以一个地理学家的身份，通过谨慎分析各种材料得出了较为可信的结论。

其三是勤勉地野外考察。

“纸上得来终觉浅，绝知此事要躬行”，这句话用在郦道元身上再合适不过了，他也为后世地理学家作出了榜样。注释《水经》这部地理著作，仅仅依靠文字的资料还不行，因为这往往会被人诟病为“纸上谈兵”，只有不辞辛苦地踏查，亲眼目睹才能得出真实的结论。

郦道元的踏查经历，可以说在少年时代就开始了。父亲在青州做官时，年幼的郦道元随父亲到了青州，对当地的山川地理、风土人情多有了解，这在《水经注》中多有反映。踏入仕途之后，郦道元曾跟随北魏国君各处巡察，利用工作之便对所到之处进行考察。后来，他又到地方为官，对当地及沿途地区的山川地理进行考察。应该说，郦道元的地理考察，并不是简单地观察和巡览，而是地图、文献、访问相结合的综合调查法，因此，他的考察结果不仅详细，而且真实性很高。

可惜的是，当时正值南北分裂时期，郦道元所到之处只是北魏势力所及的范围，南方地区的地理状况，他只能完全求助于文献资料了，这不能不说是一件憾事。

其四是求实的科学态度。

地理是一门科学，需要求实求真。郦道元在作注时，只是客观地写出事实，并不自以为是，更不轻易否定前人的意见和观点。比如，关于张平子墓碑，郦道元野外考察亲自得见的场景与前人的记载并不相同：记载说“墓次有二碑”，而郦道元“惟见一碑”。但他没有断然否定记载的说法，而是谨慎地说：“或是余夏景驿途，疲而莫究矣。”对于自己没有把握的事，姑且两存之。

此外，郦道元深知由于全国范围内河流众多，情况复杂，而自己见闻有限，所以不能把《水经注》写得完备无缺。他的宗旨是："其所不知，盖阙如也。"就是秉持知之为知之、不知为不知的科学态度，而不用主观臆测来下结论。

再有，郦道元的科学态度还体现在坚持事实反对迷信上。古代对于一件事的记载，有时会掺杂迷信成分，甚至有很多荒诞不经的鬼怪色彩。用这种说法来解释自然现象，显然是不合理的，这也是郦道元极力反对的。他引用张安世的话说："神道茫昧，不宜为法。"这反映了他不信鬼神的科学精神。

现代价值

《水经注》的价值首先体现在地理学方面。这是中国地理学史上一部独具特点的著作。它以河流的流域范围为纬，以河流所经地区的各种自然地理和人文地理要素为经，构成了一部完整的以河流为主的历史区域地理文献。

首先，这部书从地理思想和研究方法上弥补了 6 世纪以前中国地理学发展的弊端，而且将《水经》以来开创的“因水证地”的一套自成体系的叙述方法，推向成熟、完备和规范。此外，身为地理学家的郦道元那种求实的科学态度，以及勤勉地实地考察的精神，都是后世地理学工作者应该继承和发扬的。有学者指出，《水经注》所记载的一千二百多条河流的发源地点、流经地区、支渠分布以及历史变迁情形，是我国6世纪以前关于河道水系最详细的记录。这些河流流经的地区，几乎遍布全国各地，有的还延伸到今天的国境之外，其覆盖面积之广，实属空前。在我国正史中，从《后汉书》到隋唐五代的正史，都没有记述河道水系的专篇。《宋史》以后的正史中，虽有《河渠志》，但受体裁的限制，其规模、内容皆比不上《水经注》。直到明代之前，以全国范围为记述对象的河道水系专著仍然很少，类似的综合性地理巨著更是绝无仅有。

除了自然地理，《水经注》对于历史人文地理的贡献也是多方面的。注文内容涉及区域经济、交通道路、关隘津梁、行政区划、人口民族、城市聚落等，包含了采矿、冶金、机器、纺织、造纸等古代手工业部门，涉及煤炭、石油、天然气等能源矿物，为研究中国古代物产和科学技术提供了丰富的史料。比如该书卷三《河水》记载：“高奴县有洧水，肥可爇，水上有肥，可接取用之。”这里所说的“肥”，显然就是可以燃烧的油（或是石油）。

其次，书中蕴含着郦道元是非分明的态度，这一点特别体现在他对人物的褒贬上，使《水经注》成为一部对后世有着教育意义的著作。

比如，该书卷二十二《洧水》记载：

> 今县城东门南侧，有汉密令卓茂祠。茂字子康，南阳宛人，温仁宽雅，恭而有礼。人有认其马者，茂与之，曰：若非公马，幸至丞相府归我。遂挽车而去，后马主得马，谢而还之。任汉黄门郎，迁密令，举善而教，口无恶言，教化大行，道不拾遗，蝗不入境，百姓为之立祠，享祀不辍矣。

这里，郦道元记述了东汉大臣卓茂这位为民造福的好官，突出了他宽仁的品行。最后一句“百姓为之立祠，享祀不辍矣”，意在表明卓茂深受百姓的爱戴，名留青史。身为官员的郦道元，是在呼吁做官者应该为民造福。

对于那些虚伪的贪官污吏，郦道元则进行了无情的揭露。该书卷二十九《湍水》记载：

> 水西有《汉太尉长史邑人张敏碑》，碑之西有魏征南军司张詹墓，墓有碑，碑背刊云：白楸之棺，易朽之裳，铜铁不入，丹器不藏，嗟矣后人，幸勿我伤。自后古坟旧冢，莫不夷毁，而是墓至元嘉初尚不见发。六年大水，蛮饥，始被发掘。说者言：初开，金银铜锡之器，朱漆雕刻之饰烂然，有二朱漆棺，棺前垂竹帘，隐以金钉。墓不甚高，而内极宽大。虚设白楸之言，空负黄金之实，虽意锢南山，宁同寿乎？

这里，郦道元揭露了张詹这样一个追求厚葬而又说谎的无耻之徒，并对这种以谎言欺世的人给予鞭挞。

最后，《水经注》虽是一部学术著作，但它语言生动活泼，趣味盎然，在文学上有着很高的价值。郦道元描写风景的特点是语言新颖，不用前人的陈词滥调，像“鱼若空悬”“分沙漏石”等词语，用得十分绝妙，后世文学家也纷纷效仿。明末清初的张岱评价说：“古人记山水，太上郦道元，其次柳子厚，近时则袁中郎。”将郦道元与柳子厚（柳宗元）、袁中郎（袁宏道）相提并论，可见其文学造诣之高。

郦道元注《水经》，还特别注意吸收百姓的语言，将民歌谚语运用其中，从而达到事半功倍的效果。比如该书卷三十四《江水》载：

> 江水又东径黄牛山，下有滩，名曰黄牛滩，南岸重岭迭起，最外高崖间有石，色如人负刀牵牛，人黑牛黄，成就分明，既人迹所绝，莫得究焉。此岩既高，加以江湍纡回，虽途径信宿，犹望见此物，故行者谣曰：朝发黄牛，暮宿黄牛，三朝三暮，黄牛如故。言水路纡深，回望如一矣。

一句歌谣，短短四句，很好地总结了“言水路纡深，回望如一矣”，读之饶有趣味。

经典诵读：《水经注》选读

汉水又东合褒水，水西北出衙岭山，东南径大石门，历故栈道下谷，俗谓千梁无柱也。诸葛亮《与兄瑾书》云：前赵子龙退军，烧坏赤崖以北阁道，缘谷百余里，其阁梁一头入山腹，其一头立柱于水中。今水大而急，不得安柱，此其穷极，不可强也。又云：顷大水暴出，赤崖以南桥阁悉坏，时赵子龙与邓伯苗，一戍赤崖屯田，一戍赤崖口，但得缘崖与伯苗相闻而已。后诸葛亮死于五丈原，魏延先退而焚之，谓是道也。自后按旧修路者，悉无复水中柱，径涉者浮梁振动，无不摇心眩目也。（卷二十七《沔水》）

汉水又向东流，汇合了褒水。褒水发源于西北面的衙岭山，东南流经大石门，流过旧时的栈道下谷，俗称千梁无柱。诸葛亮《与兄瑾书》说：先前赵子龙退兵时，烧坏了赤崖以北沿山谷周围的阁道长达一百多里，阁梁一头通入山腰，另一头在水中立柱。现在水大而急，已经无法立柱，困难已到了极点，不能勉强了。又说：近时山洪暴发，赤崖以南的桥梁阁道全都被冲毁了，当时赵子龙与邓伯苗，一个在赤崖驻防屯田，一个驻防在赤崖口，双方只能沿着崖边互相呼应而已。后来，诸葛亮死于五丈原，魏延首先撤退，焚烧了栈道，就是这条栈道。自此以后，那些按旧道修路的人，都不再在水中立柱了。过往行人在摇摇晃晃的浮桥上经过，无不提心吊胆、头晕目眩。

七 《大唐西域记》：一部真实版的玄奘西游记

取经归来著成《大唐西域记》

两汉之际，佛教传入中国。为了瞻仰佛迹，寻求佛理，自三国至明代的一千多年间，西行求法的高僧不乏其人，像三国时期的朱士行，东晋时期的法显，唐代的玄奘、义净就是其中的突出代表。此四人中，法显有《佛国记》、玄奘有《大唐西域记》、义净有《南海寄归内法传》传世。而这三部行记中，《大唐西域记》则以其翔实、深入而著称。

那么，《大唐西域记》这部书是如何编纂而成的呢？这还要从玄奘立志西行取经说起。

明代吴承恩写了一部名著叫《西游记》，其中一个重要人物就是唐僧——唐三藏。唐三藏历史上确有其人，就是玄奘，他是我国历史上杰出的佛学家、翻译家、旅行家，中国佛教法相宗创始人。

玄奘俗姓陈，名祎，玄奘是其法号。他自幼天资聪颖，勤奋好学，不幸的是父母早亡，家道逐渐困窘，于是便跟随其兄长捷法师住净土寺，学习佛经。这期间，他涉猎了小乘和大乘佛教。隋炀帝大业八年（612），年仅十三岁的玄奘在洛阳剃度出家。

隋唐之际，天下大乱，中原战火蔓延，玄奘与长捷为避战乱，西入长安。后得知当时名僧多在蜀地，因而又同往成都。十数年间，他参谒宿老，拜访名师，足迹所至，几近半个中国。唐太宗贞观元年（627），玄奘再次来到长安，此时他已通究佛经，造诣日深，誉满京师。然而，由于高僧派系的不同，玄奘在学习过程中产生了不少疑惑，佛教中同一个问题不同派系的解释和观点往往大相径庭，这使玄奘无所适从，不能够辨别真伪。此外，玄奘还感觉到佛教经典的译本太少，并且有些译本存在明显的错误，文笔拙劣，词不达意，很难满足研究的需要。为解开心中的疑惑，玄奘产生了去佛教中心——印度取经的想法。

不久，玄奘结侣陈表，申请去印度西行求法。但当时朝廷对百姓出国限制极严，玄奘西行没有获得唐朝政府的批准。不过玄奘决心已定，乃“冒越宪章，私往天竺”。贞观元年（627）[一说是贞观三年（629）]，玄奘离开长安，经凉州出玉门关西行，越阻涉险，历尽艰难，长途跋涉，终于到达印度。在印度，玄奘拜访了很多高僧，深入研究佛学经典。同时，他还刻苦学习梵文，为日后翻译佛经奠定了基础。贞观十七年（643），玄奘携带七尊佛像、六百五十七部经书、一百五十粒舍利学成东归，并于贞观十九年（645）回到长安。

据史料记载，玄奘归国后，受到朝野的隆重欢迎，甚至得到了唐太宗的亲自召见，还为他在长安设立译经院。译经之余，在唐太宗的勉励敦促下，玄奘口授、弟子辩机执笔完成了《大唐西域记》一书。

《大唐西域记》堪称一部真实版的玄奘西游记，全书十二卷，共十余万字，记载了玄奘西行途中亲身经历和传闻得知的一百三十八个国家和地区、城邦，包括今中国新疆维吾尔自治区和中、南亚地区的吉尔吉斯斯坦、哈萨克斯坦、乌兹别克斯坦、阿富汗、伊朗、巴基斯坦、印度、尼泊尔、孟加拉国、斯里兰卡等地的情况。

该书内容异常丰富，对各地的记述繁简不一，通常包括名称、地理形势、幅员广狭、都邑大小、国王、族姓、宫室、农业、物产、货币、食物、衣饰、语言、文字、艺术、礼仪、兵刑、风俗、宗教信仰以及佛教圣迹、寺数、僧数、小乘和大乘佛教的流行情况等，特别是对各地宗教寺院的状况和佛教的故事传说，都做了详细的记载，且记事谨严有据，行文简洁流畅，是我国古代一部不朽的史地名著，其历史文化价值以及影响大大超过了游记的意义。

出于政治使命感的编撰目的

西行数万里，是玄奘完成《大唐西域记》一书的基本条件。但玄奘写作此书的目的，则与他西行的动机不大相同。如果说玄奘西行的动机是一种宗教使命感，他写作此书则更多是出于国家利益和政治目的。

在玄奘返国的时候，唐王朝的最高统治者——太宗皇帝正想消灭严重威胁唐王朝西北边境的西突厥，以求巩固统一的多民族国家，并和其他国家建立睦邻关系，发展友好往来。为此，唐太宗迫切需要了解西域地区的政治、军事、经济、地理等方面的情况。恰好，刚刚回到长安的玄奘，有着跋涉西域十多年的亲历见闻和最新情报，这是难得的第一手宝贵材料。

于是，唐太宗在戎马倥偬之际，迫不及待地召见当年私逃出国的玄奘，一见到他就“广问彼事”，并嘱咐“佛国遐远，灵迹法教，前史不能委详，师既亲睹，宜修一传，以示未闻”。这话说得很委婉，但意思很明确，就是要玄奘写一部关于西域的“情报”著作，并作他的西域顾问，这一点实际上是他们关系的真正基础。

经历过十多年西域各种社会制度、政治场合和环境的磨炼，此时的玄奘对于唐太宗的真正意图也是心领神会的，而对唐太宗的要求，他也是慨然应允的。不到一年，《大唐西域记》这部书就完成了。玄奘在进书表中说："班超候而未远，张骞望而非博，今所记述，有异前闻，虽未极大千之疆，颇穷葱外之境，皆存实录"，充分表达了他的心迹：要追仰我国经营西域的著名前辈张骞、班超，写一部关于西域的综合著作。

可以说，玄奘写作《大唐西域记》是出自一种强烈而成熟的政治使命感。他把个人的所见所闻，与国家、民族的根本利益结合在一起，与时代的要求相适应，在这一点上，玄奘比其他游记作者视野更广阔，精神境界更高。也正因为如此，书中很少写个人的事，很少专写佛迹。至于他所记下的政治、军事、经济、文化情况，是否关乎佛教，是否投己所好，也都成为次要的了。

现代价值

随着时光的流逝，《大唐西域记》一书不仅没有被历史的风尘湮没，反而更加显示出其灿烂的光辉。19 世纪以来，此书先后被译成法、英、日、德等国文字，国内外的研究成果层出不穷。可以说，这既是一部重要的历史、地理和考古文献，又是一部重要的佛教史、民俗史史料，同时被誉为东方三大旅行记之一（另两种为马可·波罗的《马可·波罗行纪》、日本圆仁的《入唐求法巡礼行记》）。无论在学术还是在文化方面，它都对后世产生了巨大影响。

首先，当前我国正在推进“丝绸之路经济带”的建设，而这部书正是研究丝绸之路的基本史籍。玄奘西行，经行了“丝绸之路”的北、中、南三道：自瓜州（今甘肃安西）至伊吾（今新疆哈密）间，为躲开烽隧，取大体平行于传统驿路的路径，这可以概言为北道。由伊吾经高昌（今新疆吐鲁番）、焉耆、龟兹（今新疆库车）到姑墨（今新疆阿克苏），又是沿天山南麓行进，这是隋朝外交家裴矩所说的中道。沿姑墨折而北上，越过帕米尔高原至可汗王庭，经碎叶（今吉尔吉斯斯坦首都比什凯克以东的托克马克附近）至石国（今塔什干附近）又是沿裴矩所说的北道。至于返国东行，走的则是南道（昆仑山北麓）。另外，玄奘三越帕米尔高原，西行远至阿姆河，而这一段正是丝绸之路最关键、最艰险的一段，也是别的旅行家记述最缺乏的路段。亲身的经历，加上严肃的写作态度和翔实的史料记载，使得《大唐西域记》中关于丝绸之路的记载既周密又具科学性，价值是不言而喻的。

其次，这部书补充和丰富了中亚、南亚史籍的不足，特别是为我们了解印度历史提供了很大帮助。七八世纪时，中亚、南亚有许多地方还处在奴隶社会，甚至氏族社会末期。即使是印度，也是无论公私都不记历史，这与中国的习惯完全不同。用阿拉伯史学家阿尔－伯拉尼的话来说："印度人不十分注意事物的历史顺序……他们总是代之以故事。"正是玄奘的《大唐西域记》，使印度的历史记录在黑暗中稍放光明，在散乱中稍有秩序。今天，《印度通史》的作者恩·克·辛哈和阿·克·班纳克说："中文的记载，对印度孔雀王朝以后时期的历史的重建是不可缺少的……中国的旅行家，如法显和玄奘，给我们留下了宝贵的记载。""他（指玄奘）的叙述是有关戒日王时代的印度政治和宗教情况的资料的真正宝藏。"直到今天，我们学习中亚史、南亚史，特别是研究印度史，都离不开《大唐西域记》这部书。

最后，书中蕴含的精神价值也值得一提，正如赵朴初先生所说："我国古代忘身求法的高僧很多，尽力于翻译事业并取得成就的人物也不是少数。而目标的明确、意志的坚定、学识的丰赡、力行的彻底和成绩的宏富，则以玄奘法师为第一人。他这样伟大的人格赢得了一切佛教徒与非佛教徒的崇敬。一千多年来，他的形象一直流存在广大的群众当中。‘大唐三藏法师’成了妇孺皆知的名字。他到西方取经的经历，甚至衍化为传奇故事，对于我国人民不向困难低头的精神，起着不小的激发作用。”玄奘这种为了寻求心目中的真理而坚韧不拔、锲而不舍的崇高精神，真正体现了中华民族的灵魂，显示了中华民族的高贵品格，不愧为中华民族的“脊梁”。

经典诵读：《大唐西域记》选读

劫初时，于此林野，有狐、兔、猿，异类相悦。时天帝释欲验修菩萨行者，降灵应化为一老夫，谓三兽曰：“二三子善安隐乎？无惊惧耶？”曰：“涉丰草，游茂林，异类同欢，既安且乐。”老夫曰：“闻二三子情厚意密，忘其老弊，故此远寻。今正饥乏，何以馈食？”曰：“幸少留此，我躬驰访。”于是同心虚己，分路营求。狐沿水滨，衔一鲜鲤，猿于林树，采异花果，俱来至止，同进老夫。惟兔空还，游跃左右。

老夫谓曰：“以吾观之，尔曹未和。猿狐同志，各能役心，惟兔空还，独无相馈。以此言之，诚可知也。”兔闻讥议，谓狐、猿曰：“多聚樵苏，方有所作。”狐、猿竞驰，衔草曳木，既已蕴崇，猛焰将炽。兔曰：“仁者，我身卑劣，所求难遂，敢以微躬，充此一餐。”辞毕入火，寻即致死。是时老夫复帝释身，除烬收骸，伤叹良久，谓狐、猿曰：“一何至此！吾感其心，不泯其迹，寄之月轮，传乎后世。”故彼咸言，月中之兔，自斯而有。（卷七《五国·婆罗痆斯国》）

成劫（佛教认为一“劫”包括“成”“住”“坏”“空”四个时期）初期，在这片树林中，有一只狐狸、一只兔子和一只猿猴，三兽虽不同类，却彼此亲爱和睦。当时，天帝释想考验三兽中修菩萨行的，于是下凡变成一位老人，对三兽说：“你们几个还平安吗？没有担惊受怕吧？”三兽答道：“我们在丰美的草丛和密林中游玩，不同种类，一同欢欣，真是既平安又快乐啊。”老人说：“听说你们几个情深意厚，所以我不顾自己年老体弱，特地从远方来此依附你们。而今又饿又累，你们用什么招待我呢？”三兽说：“请在此稍等，我们会抓紧去找食物。”于是三兽同心协力，兵分三路，各处求食。狐狸沿着河边找，衔回一条鲜活的鲤鱼，猿猴在树林中采摘到奇花异果，一起回来给老人献食。只有兔子空手而归，还在周围游走跳跃。

老人对三兽说：“在我看来，你们之间并不和谐。猿猴和狐狸志趣相合，都能用心办事。只有兔子空手而归，没有什么供我食用。从这件事情上说，确实可以了解你们啊。”兔子听了老人的讥讽，对狐狸和猿猴说：“多堆积一些柴草，我将做有用的事。”狐狸和猿猴竞相奔走，衔来干草，拽来木柴，堆在一起点燃，烈火烧得很旺。兔子说：“仁者啊，我卑贱拙劣，难以满足你的要求，请让我用自己微小的身躯，权且充当你的一顿饭吧。”说完跳入火中，很快就被烧死了。这时老人恢复天帝释的本来面貌，除去灰烬，收拾骸骨，悲伤叹息了很久，对狐狸和猿猴说：“为何弄到这步田地！我被它的诚心所感动，不能埋没它的功业，我把它存放在月亮之中，以流传后世。”所以那里的人都说，月亮中的兔子，是从那时才有的。

八　《贞观政要》：一部治国理政必读的“宝典”

为什么被誉为“治国宝典”

《贞观政要》是唐太宗君臣探寻致治之道的重要言论汇编，作者为唐代著名史学家吴兢。书成之后，即受到了统治者和为官者的重视：唐世子孙既已书之屏帷，铭之几案，祖述而宪章之；后世之君，亦多列之讲读，形之议论，景仰而效法；各级官宦人士也都或研读、或阐释、或校刻，力图从中汲取切合自身所需的经验。像宋代人编纂的《圣政》《宝训》，一定程度上就是受了《贞观政要》的启发；金朝的熙宗皇帝说自己“每阅《贞观政要》，见其君臣议论，大可规法”；清代乾隆皇帝更是亲自为《贞观政要》撰序，称贞观盛世为“盖自三代以下，能用贤纳谏而治天节者，未有如此之盛焉”，表达了自己向往贞观盛世的心情。其他如宋祁、欧阳修、司马光、范祖禹等名臣则撰有论说，阐述该书的意旨。尤值得一提的是，此书撰成后还传到了日本，深受唐文化熏染的日本统治者对其表现出了高度的重视和热情。有日本学者指出：“《贞观政要》很早就传到了日本。平安朝以来，历代天皇都十分爱读此书，辅弼之臣也锐意阐明书中要旨，就连镰仓以来的幕府也都深深信奉书中论述的道理。”

《贞观政要》为何有如此大的魅力

我国著名史学理论家瞿林东说：“《贞观政要》不是一部普通的历史书，而是一部按照专题写成的政治史。”的确，这部书共十卷，分为四十篇，结构严整，条理清晰。它以《君道》《政体》开篇，事实上是全书的主旨和总纲。后面依次叙述治国的各个方面。每个专题的内容多取自唐太宗与魏徵、王珪、虞世南、房玄龄、杜如晦、褚遂良等数十位大臣讨论治国方略的对话以及名臣奏疏。

此外，从内容上看，全书虽然仅八万余字，却涵盖了君臣与民众的关系、道德修养、经济建设、法律制度、军事战略、民族关系等诸多问题，并从四个方面总结了唐太宗贞观时期的为政举措。在政治上，唐太宗君臣汲取隋朝兴亡的经验教训，以“存百姓”为施政纲领，实行仁义治国，有效调和了社会矛盾。唐太宗还特别注意纳谏，并求贤若渴，不拘一格使用人才，很快就培养出一批脚踏实地、任劳任怨的官僚队伍。他还拣选公正良善之人主掌刑狱，使用法宽简允当，对那些枉法的官员“必无赦免”，这样的官僚队伍成为社会安宁、政治清明的主要因素之一。在经济上，唐太宗减免赋税，不夺农时，从而使“人无水旱之弊，国无饥馑之灾”。在文化上，唐太宗大力推崇儒学，发展科举制度，从而保障了官僚队伍的人才基础和文化事业的蓬勃发展。在社会风俗上，唐太宗厉行“先淳朴而抑浮华”，形成了风俗尚俭、衣无锦绣的良好风气。

也就是说，《贞观政要》一书比较客观而全面地总结了唐太宗贞观时代的治国经验，是唐初统治集团政治智慧的结晶。后世治国理政者十分崇仰和向往贞观之治的时局，于是他们奉此书为“治国宝典”，纷纷研读，以为镜鉴。

吴兢编这部书的目的何在

唐太宗贞观时代，是唐朝的盛世。其后吴兢生活的武则天至唐玄宗时期，虽依然闪耀着盛世的余辉，但较为严重的社会危机已因封建社会的痼疾而不可避免地产生了。“关东饥馑，蜀汉逃亡，江淮以南，征求不息。人不复业，则相率为盗。”有着见盛观衰之史家传统的吴兢，已于细微之处察觉到了光明后的衰退。为了使“有国有家者克遵前轨，择善而从”，“引而申之，触类而长”，从而再现“贞观巍巍之化”，达到使唐朝“可久之业益彰，可大之功尤著”的目的，吴兢便将久已“成诵在心”的贞观时期“用贤纳谏之美，垂代立教之规”加以总结和选编，从而完成《贞观政要》一书。

当然，吴兢能够编纂完成《贞观政要》也并非偶然。他本人从小就励志贯通经史，踏上仕途后，历仕武周、中宗、睿宗、玄宗等朝，虽也担任过谏议大夫、地方刺史等职，但更多的时间还是以修史为主。长期的史学工作，使吴兢有机会遍览藏于秘府中的国史、奏折等资料，这是编《贞观政要》的基础。加之吴兢本人写史，一贯秉笔直书，从不徇私，有着“唐代董狐”之称，因此书中的史料一定经过了他的多方考证，具有较高的真实性和可靠性。这样一部有资于治道的信史著作被后世奉为圭臬也就不足为奇了。

今人应从此书中学什么

《贞观政要》之所以历久不衰、传之弥广，主要是因为它能够给后世提供治国理政的思路、策略和经验。直到今天，书中所蕴含的处世之道和施政观点仍可为我们借鉴。

民心向背关乎一个国家的生死存亡。唐太宗即位之初就提出：“百姓不足，君孰与足？”“为君之道，必须先存百姓。若损百姓以奉其身，犹割股以啖腹，腹饱而身毙。”他以民为本，施政重点始终围绕有关民生的各种问题。他经常以宽厚爱民的政德来教育大臣，采取立法的形式限制官吏对百姓的盘剥，推行轻徭薄赋、不误农时的休养生息政策。而太宗还深知“君多欲则人苦”的道理，从自身做起，厉行节俭，减少铺张浪费。今天看来，虽然唐太宗所谓“怜惜百姓”不过是让百姓服从统治，目的是为了维护封建统治阶级利益，但他能减少私欲，体恤民情，这就赢得了民心，调动了人民的生产积极性，使隋末唐初的“天下大乱”走向贞观时期的“天下大治”。

唐太宗认为，隋朝之所以会灭亡，其中一个重要因素就是隋炀帝行事不符合君道，又不听大臣的规谏。因此，他指出：君臣应该“同治乱，共安危”，君主做错了事，臣下理应进谏，以挽回损失。在《贞观政要》一书中，关于进谏的言论和故事比比皆是。对进谏有益者，唐太宗还予以奖赏。比如，大理少卿孙伏迦劝谏皇帝勿滥用刑，太宗认为他说得很对，就赐给他一处价值百万的宅院，有人不解，太宗解释说：“朕即位以来，未有谏者，所以赏之。”

接受劝谏不易，因为听的都是“逆耳忠言”，而有错必改则更不易。唐太宗在社会逐渐繁荣的情势下，开始沉湎于享乐，渐渐骄奢起来。此时，魏徵及时上了《谏太宗十思疏》，言辞恳切地指出唐太宗的过失。太宗看后，亲自写诏书答复，不仅承认错误，还及时做了改正，从而稳定了贞观盛世的局面。

由于太宗的倡导和鼓励，贞观时期谏臣辈出，最著名者当属被称为“人镜”的魏徵，其他还有房玄龄、杜如晦、王珪等。正是大臣们的诤谏，避免和防止了施政中的许多错误。

人才在国家发展中有着重要的作用，用什么样的人、怎样用人，关系到一个国家的治乱兴衰。唐太宗深刻认识到“为政之要，惟在得人，用非其人，必难致理”的道理，把人才看作治国理政的重点。开国伊始，他便态度鲜明地宣布自己的用人准则：“今所任用，必须以德行、学识为本。”他认为官员要有良好的品德，因为“用得善人，为善者皆劝；误用恶人，不善者竞进”。在品行端正的同时，还要有学识和才干，从而做到“德才兼备”。

此外，不计前嫌，有才必用，是唐太宗量才用人的又一特点。即位后，他对前朝的官员和原太子李建成的僚属采取宽大政策，一些有才能之人还受到了重用，著名的谏臣魏徵就是其中一例。原隋朝官员房玄龄，投靠李世民后受到信任，执掌政务达二十年，恪尽职守，成为后世良相的典范。正是唐太宗这种爱才重贤、知人善任的人才观，才使得贞观时期人才济济，多士盈廷，各显其能，各尽其力，保证了唐初政治的稳定和政策的推行。

安不忘危、治不忘乱是从政者应当具备的一种忧患意识。唐太宗的忧患意识集中表现在他“动静必思隋氏，以为殷鉴”上。为了巩固唐朝统治，他特定下“论隋日”，于这一天同大臣们专门讨论、总结隋朝灭亡的历史教训。殷忧兢慎的忧患意识，使唐太宗为政谨慎。他曾对侍臣说：“治国与养病无异也。……天下稍安，尤须兢慎，若便骄逸，必致丧败。”这一通俗又深刻的比喻，是做人处世“如临深渊，如履薄冰”的最佳诠释。

经典诵读：《贞观政要》选读

贞观十八年，太宗谓长孙无忌等曰：“夫人臣之对帝王，多顺从而不逆，甘言以取容。朕今发问，不得有隐，宜以次言朕过失。”

长孙无忌、唐俭等皆曰：“陛下圣化，遣致太平，以臣观之，不见其失。”

黄门侍郎刘洎对曰：“陛下拨乱创业，实功高万古，诚如无忌等言。然顷有人上书，辞理不称者，或对面穷诘，无不惭退。恐非奖进言者。”

太宗曰：“此言是也，当为卿改之。”（《贞观政要·纳谏》）

贞观十八年（644），唐太宗对长孙无忌等人说：“臣子对待帝王，多是顺从而不敢违背，用甜言蜜语来博取帝王的欢心。我现在提出问题，你们不得隐瞒己见，要依次说出我的过失。”

长孙无忌、唐俭等人都说：“陛下用圣德教化，使天下太平。在我们看来，您没有什么过失。”

黄门侍郎刘洎回答说：“陛下拨乱创业，确实功高万古，正如长孙无忌等人所说那样。但不久前有人上书进谏，遇到言辞内容不合您心意的，您就不依不饶，当面追根盘问，弄得上书言事之人无不羞惭而退。这恐怕不是鼓励进谏的办法吧。”

太宗听后说：“你说的这话很对啊，我一定接受你的意见改正错误。”

九 《史通》：中国第一部系统的史学理论著作

梁启超在《中国历史研究法》中说道："中国于各种学问，唯史学最为发达；史学在世界各国中，唯中国为最发达。"中国史籍范围之广、种类之多、内容之富、材料之详、史料价值之高，是举世罕见的。像《论语》《老子》《左传》《史记》《资治通鉴》等，都是我们耳熟能详的重要典籍。细究起来，我国有着近三千年的史书编纂史，而且绵延不断。然而，关于史学理论的反思和系统总结，却直到唐代才真正出现，这就是刘知幾的《史通》。

《史通》是我国第一部系统的史学理论著作，也是我国历史上第一部史学史，它首次对初唐以前的史学进行了全面而详细的总结与批评，是中国古代史学理论发展史上的一座丰碑。

刘知幾——为史学的一生

刘知幾（661—721），字子玄，徐州彭城（今江苏徐州）人，生于唐高宗时期，卒于唐玄宗时期，一生经历了唐高宗、武则天、唐中宗、唐睿宗、唐玄宗五个皇帝，主要活动是在武则天时代。刘知幾生活的年代正好介于贞观之治与开元盛世之间，政治制度的日趋完善、经济的发展以及文化的繁荣，给刘知幾的写作创造了良好的条件。

刘知幾出身于书香门第、官宦之家，家学渊源深厚。从祖父刘胤之是知名学者和很有素养的史学家，他与唐初著名史家李百药是至交好友，李百药就是“二十四史”之一《北齐书》的作者。刘胤之在唐高祖武德年间任信都令，有良好的政声。唐高宗时期，调任著作郎，与当时著名史学家、国子祭酒令狐德棻等共同修撰国史和《贞观实录》。刘知幾的父亲刘藏器是一位正直贤能、才华出众的官员兼学者，擅长文章辞赋，文学、经学的造诣都很深厚，《全唐文》收录了他的《恤刑》《刑法得失》《往代为刑是非》三篇对策，其文对政治得失颇有见解。刘知幾的长兄知柔、次兄知章也对他影响极大。尤其是长兄知柔，性格内向，勤俭朴实，喜清静，善辞章，担任过州长史、刺史、户部侍郎、国子司业、东都留守等职，死后追赠太子少保，谥号“文”，他成为刘知幾治学、做人的榜样。

祖辈父辈的教诲、兄长的感召，以及整个家庭氛围的感染，使刘知幾自幼便喜欢诗赋，有很好的文笔。大约十一岁时，父亲便给他讲授《尚书》，希望他能精通此部经典，成为名家。但《尚书》的内容多为春秋以前史官记录的政府文件以及政治论文，语言深涩，枯燥难懂。刘知幾对此毫无兴趣，虽然父亲严格督教，仍没有什么长进。然而，当父亲给兄长们讲授《左传》时，刘知幾却很感兴趣，常常放下《尚书》去偷听；他被《左传》中精彩的历史故事和父亲的生动讲述所深深吸引，暗自记下来许多内容。在父亲讲解后，刘知幾常常将自己记下的精彩情节描述给兄长们听，这件事引起了父亲的注意。父亲知道这个儿子志不在《尚书》，便转而为他讲授《左传》。刘知幾进步飞快，仅仅一年时间，讲解记诵就全部完成了。

少年时，刘知幾便广泛接触历史典籍，增长了知识，拓宽了视野，激发了求知欲，加深了对历史的了解和对史学的兴趣，同时也养成了一定的批判精神。高宗永隆元年（680），二十岁的刘知幾中了进士，出任获嘉县（今属河南）主簿，负责掌管文书档案。刘知幾做此官，不求升迁，公务之余，一心研究史学。他常往来于长安、洛阳之间，借阅公私藏书，尽情阅览；官位虽未提升，但学术成就却越来越大。武后圣历二年（699），三十九岁的刘知幾被调到京城长安，任定王府仓曹，参与编纂《三教珠英》，这是一部大型的诗歌选集。后出任著作佐郎，正式成为史官，掌修史之事。

然而，当时史馆的大权掌握在依靠武则天不学无术的武三思手中，且内部互相排挤，刘知幾提出的编修史书的正确意见和建议都不被采纳，在种种碰壁和左右为难后，他只得“退而私撰《史通》，以见其志”。这里的“志”有两层含义，一层是借厘定群史、商榷史篇，独创一家之学；另一层是追求史家的实录精神，不受权贵的左右。终于，在景龙四年（710），五十岁的刘知幾撰成《史通》，对初唐以前史学进行了系统的理论总结，提出了自己的真知灼见。

此后，刘知幾声名鹊起，升任太子左庶子，兼崇文馆学士，加银青光禄大夫。唐玄宗时，又迁左散骑常侍，仍参与修史。

不料，开元九年（721），刘知幾的长子触犯法律而被治罪流放。刘知幾替子申辩，触怒了皇帝唐玄宗，被贬为安州都督府别驾（安州在今湖北安陆，别驾为正四品下，属于副职或虚职）。时年六十一岁的刘知幾从长安出发，长途跋涉去安州任职，由于旅途劳累，心情苦闷，到安州不久便去世了。

刘知幾从十一岁直至去世，都在学习和研究历史，加之长期担任史官，能够接触大量珍贵史料，使他具有很高的史学造诣。《史通》之所以能得到后世的肯定，与刘知幾深厚的学养是分不开的。

体例和主要内容

《史通》共二十卷，原为五十二章，今存四十九章，分为内、外两篇，内篇为主，外篇为辅。其中内篇十卷，本为三十九章，今存三十六章，亡佚三章，即《体统》《纰缪》《弛张》仅存篇目。外篇十卷，共十三章。全书正文八万三千多字，原注九千多字，总计九万余字。

概括地说，内篇主要讲历史编纂学，是《史通》的主要内容、主要贡献。各篇之间联系紧密，内部形成了一个有机的系统。外篇主要讲史官和史书的沿革，杂评过去史书的优劣得失。各篇之间没有关联，没有系统，很像杂论。

具体而言，《史通》的基本内容大体可分为五个方面：一是厘清史学发展的历史。其中《六家》《二体》，从史书的内容和形式上阐述了史学的起源；《史官设置》《古今正史》勾勒出史学发展的大势；《杂述》概括史学的多途发展。二是讨论史书表现形式的基本理论，其中以纪传体史书的结构、体例为主，包括《载言》《本纪》《世家》《列传》《表历》《书志》《论赞》等。三是提出关于史书编撰方法和文字表述要求的理论，包括《采撰》《载文》《补注》《叙事》等。四是提出关于历史认识和撰述原则的理论，包括《品藻》《直书》《曲笔》《鉴识》《人物》等。五是阐述作者经历、撰述旨趣和史学的社会功用，包括《辨职》《自叙》《忤时》三章。

需要进一步指出的是，内篇的第一章《六家》，是刘知幾对隋唐以前史书体裁体例的全面总结，也是全书开宗明义的总纲。刘知幾认为，古代史学是发展变化的，史书的体裁和体例也在不断演进。他把古代史籍分为记言体（《尚书》家）、记事体（《春秋》家）、编年体（《左传》家）、国别体（《国语》家）、通代纪传体（《史记》家）、断代纪传体（《汉书》家）六家，并一一考镜源流、发展、宗旨、利弊得失。并指出，这六家已经穷尽了古往今来的史籍。但是，随着社会的发展，只剩下两家了，于是专门立《二体》章详加讨论。《二体》比较了编年体和纪传体的优劣，其后又以多章文字着重对纪传体体例和结构作了深入细致的剖析。而“六家”“二体”经发展演变，大约在魏晋南北朝时期，又出现了“十流”。因此，刘知幾又设《杂述》章来详细论述“十流”，将其视为“史氏流别”，归入“杂史”。

由“六家”到“二体”，再到“十流”，集中反映了刘知幾的“通识”观念和“通变”意识，反映了《史通》内篇结构严谨、秩序井然、体系完整，构成了《史通》在宏观方面的史书体裁的理论体系，是我们研读这部书的一条主线。

从总体上看，《史通》第一次对中国古代史学作了比较全面而详尽的理论总结，不仅评论初唐以前历史著作的优劣得失，对史官建置、史书源流、史学性质、史书体裁、史学功能、修史态度、历史文学等各方面作出了评论和总结，而且提出了史家的任务和史学的发展方向，特别强调史家的素养。《史通》这部书代表了先秦至唐代中国史学理论发展的最高峰。

讲到这里，读者或许会有一个疑问，“史通”二字如何解释呢？作者刘知幾在《史通·原序》中回答了这个问题。他说的意思是，当年汉代众多儒生，集中在一起讨论经传的异同，定稿于白虎观，所以书名就叫《白虎通》。我既然在史馆完成此书，所以就以《史通》为书名了。而且，汉代寻求司马迁的后代，封为史通子，由此可知史之称“通”，由来已久。我广采众人的意见，定下了这个书名。

《文心雕龙》对《史通》的影响

《史通》是我国第一部系统的史学理论著作，这让我们不由得想起我国第一部系统的文学理论著作——刘勰的《文心雕龙》。其实，刘知幾早就注意到了这部书，而且进行了借鉴。

刘知幾在《自叙》中说，伟大作品的产生均为了救世之积弊，而从扬雄、王充、应劭、刘劭到刘勰，他们担当起社会批评家的职责，以富于理性的精神撰写子书，无不具有理性主义精神。刘知幾表示，自己与这些先辈一脉相承，秉承了他们的思维方式。

刘勰认为，文章的源头固然是经书，然而，由于距离圣人的时代已经很久远了，文章的内容逐渐败坏，作者们追求新奇、浮夸、怪异的文辞，这离文章的主旨已非常遥远，几乎达到讹滥的程度。在这种背景下，刘勰要对文学发展的历史进行一番梳理，对文学现状进行批判，其目的是要“标心于万古之上，送怀于千载之下”。而刘知幾的《史通》也有类似的表述：“若《史通》之为书也，盖伤当时载笔之士，其义不纯，思欲辨其指归，殚其体统。”也就是说，刘知幾对历代史书体例以及史家的史学实践与观念不太满意，于是发愤著述，意图重新探究史学发展源流、社会功用、撰述目的等诸多现实问题与理论问题。

在结构体例方面，《史通》对《文心雕龙》也有所借鉴。学者一般将《文心雕龙》的体例结构分为总论、文体论、创作论及文学评论四部分。分析《史通》的体例，也包含与此相似的四个部分，如《六家》《二体》《古今正史》及《史官建置》，近乎史学总论，近乎刘勰“文之枢纽”；内篇从《载言》到《称谓》十二章分别论述史书各种体裁的起源及得失，近乎刘勰之文体论；内篇从《采撰》到《烦省》十九章，主要论述史学家的修养和作史方法，近乎刘勰之创作论；外篇从《疑古》到《暗惑》十章就经史中存在的问题进行大胆的批判，从而揭示了史学批评的方法及标准，近乎刘勰之文学评论；而最后的《自序》则是子书写作的一般体例，也与刘勰的《序志》篇相对应。

当代著名学者傅振伦先生在《刘知幾年谱》中对《史通》借鉴《文心雕龙》的学术思想进行了较为深入的研究。他说，《文心雕龙》为文史类之书，然《史传》一篇则论史之功用、源流、利病，史籍得失及撰史态度，实为史评之先河。《史通》一书更就《文心雕龙·史传》篇意推广而成，其全书亦就“《史传》篇寻繁领杂之术，务信弃奇之要，明白头讫之序，品酌事例之条”诸义而详加发挥。《史通》各篇，亦多仿《文心》，一论文学，一论史学，并具卓识。《文心雕龙·史传》以“宗经矩圣”作为史学的指导原则，以经书和圣人作为评价的标准，对史学“彰善瘅恶，树之风声”的社会功能进行认识，主张秉笔直书，提倡信史等。这些观点均为《史通》所吸收借鉴。

现代价值

《史通》的价值，主要体现在历史学方面，其中包含着以史为鉴的思想。

首先，书中提出要“博采善择”，这是刘知幾关于历史撰述方法的理论。他认为，撰写历史著作必须“博采”，做到“征求异说，采摭群言”，这样才能成“一家之言”，流传千古。《左传》之所以能够广包各国史事，记载详细，是因为当时有各国历史资料供左丘明广泛搜集和采用。《史记》《汉书》之所以“能取信一时，擅名千载”，成为千古名著，是因为“司马迁《史记》，采《世本》《国语》《战国策》《楚汉春秋》。至班固《汉书》，则全同太史。自太初以后，又杂引刘氏《新序》《说苑》《七略》之辞”，这都是博采史料的缘故。

然而，仅仅“博采”是不行的，还必须“善择”。“多闻，择其善者而从之”，“学者博闻，盖在择之而已”。对于“博采”得来的资料，必须“别加研核”，“练其得失，明其真伪”，择善而从。如果不认真鉴别、辨明，不择善而从，许多讹言、传闻、鬼怪、虚美之辞就会被当作实录而写进史书中，导致“是非无定”。今天看来，“慎择”“善择”确实是十分重要的，我们强调对材料和观点要去伪存真、去粗取精，就是来源于此。首先必须“博采”，其次要“择善而从”，二者缺一不可。博采是基础，无博采便无善择；善择是关键，无善择，博采就失去方向。

其次是“直书与曲笔”，这是刘知幾关于史书撰述原则的理论。刘知幾“贵直贱曲”，专立《直书》《曲笔》二章详加论述。强调“良史以实录直书为贵”，明确指出“善恶必书”才称得上是实录，而只有“实录直书”才称得上是良史。在刘知幾看来，史书要发挥借鉴、垂训的作用，那么，直书不隐就不可或缺。他还要求史家摆脱个人主观情感的干扰，客观真实地记载历史，不虚美、不隐恶，他痛斥史家曲从权贵而修史，这在当时是很有勇气和批判精神的。他一再提醒史书的功用是“记功司过，彰善瘅恶，得失一朝，荣辱千载”。刘知幾“贵直贱曲”“实录直书”的精神和理论，对中国史学的发展具有深远影响，受到后世学者的普遍重视。

再次，书中论述了“史家三长——才、学、识”，这是刘知幾关于史家修养的理论。《史通》里没有明确提出“史家三长”的话语，但“史家三长”的思想贯穿了《史通》全书，是刘知幾史学理论的灵魂和精华。所谓“才”，是组织史料和表达的能力，包括对文献的驾驭能力，对史书体裁、体例运用的能力和文字表述能力等；“学”是指读书搜集史料的学问，以及渊博的学识；“识”是见解，即对史事的鉴别、判断、评价能力。刘知幾认为，作为一个优秀的史学家，才、学、识三者缺一不可。如果一个史学家掌握了丰富的历史知识、具有很大的学问（有“学”），但却缺乏运用这些知识来研究历史的能力（缺“才”），是不可能撰写出有价值的历史著作的，就像有良田百顷、黄金满筐，却交给一个愚笨的人去经营管理一样，那是不可能生财的。同样，一个史学家有渊博的学问（有“学”），又具有很强的能力（有“才”），但如果缺乏“正直、善恶必书”的治史精神（无“识”），也不可能写出真实可信的历史著作。刘知幾的这一理论影响深远，清代章学诚在“三长”的基础上又增加了“史德”，使这一理论更趋完善，成为“史家四长”。

最后，书中提出“生人之急务，国家之要道”，这是刘知幾关于史学功用的认识。他在《直书》《辨职》《自叙》《史官建置》等章中都讲到了史学功用的问题。比如，《直书》中说“史之为务，申以劝诫，树之风声”。刘知幾认为，如果没有史书，又缺乏史官，那么像尧、舜这样的圣人，像夏桀、商纣这样的暴君，在他们死了以后，就会善恶难分、美丑难辨了。反之，因为有了史官和史书，古人虽早已离去，但其事犹在。人们坐在家中翻阅史书，就可以穷览千载，进而产生见贤思齐、见不贤而内自省的启迪和教育作用。所以，刘知幾感叹道："史之为用，其利甚博，乃生人之急务，为国家之要道。"这就是以史为鉴的思想，也是今人读史、谈史、论史的主要目的。

总之，刘知幾的《史通》构建了一套较完整的史学理论体系，刘知幾本人则是一位史学批评大师。他在史书内容、撰述方法、体裁体例、文字表述、撰述原则、史学功能、史家修养、史学批评的范畴和方法等方面，都提出了重要的见解，至今仍有重要的现实意义，值得我们学习和借鉴。

经典诵读：《史通》选读

《春秋左氏传》每有发论，假"君子"以称之。二《传》云"公羊子""穀梁子"，《史记》云"太史公"。既而班固曰"赞"，荀悦曰"论"，《东观》曰"序"，谢承曰"诠"，陈寿曰"评"，王隐曰"议"，何法盛曰

“述”，扬雄曰“撰”，刘昞曰“奏”，袁宏、裴子野自显姓名，皇甫谧、葛洪列其所号。史官所撰，通称史臣。其名万殊，其义一揆。必取便于时者，则总归论赞焉。

夫论者，所以辩疑惑，释凝滞。若愚智共了，固无俟商榷。丘明“君子曰”者，其义实在于斯。司马迁始限以篇终，各书一论。必理有非要，则强生其文，史论之烦，实萌于此。夫拟《春秋》成史，持论尤宜阔略。其有本无疑事，辄设论以裁之，此皆私徇笔端，苟炫文彩，嘉辞美句，寄诸简册，岂知史书之大体，载削之指归者哉？

…………

史之有论也，盖欲事无重出，文省可知。如太史公曰：观张良貌如美妇人；项羽重瞳，岂舜苗裔。此则别加他语，以补书中，所谓事无重出者也。又如班固赞曰：石建之浣衣，君子非之；杨王孙裸葬，贤于秦始皇远矣。此则片言如约，而诸义甚备，所谓文省可知者也。及后来赞语之作，多录纪传之言，其有所异，唯加文饰而已。至于甚者，则天子操行，具诸纪末，继以论曰，接武前修。纪论不殊，徒为再列。（节选自《史通·内篇·论赞》）

《春秋左氏传》每次发表议论，都假借“君子”来表达。《公羊传》《穀梁传》称“公羊子”“穀梁子”，《史记》称“太史公”。然后班固称为“赞”，荀悦称为“论”，《东观汉记》称为“序”，谢承称为“诠”，陈寿称为“评”，王隐称为“议”，何法盛称为“述”，扬雄称为“撰”，刘昞称为“奏”，袁宏、裴子野显示自己的姓名来发论，皇甫谧、葛洪列出自己的名号来称呼。史官修撰的史书，通称为“史臣”。虽然它们的名称多种多样，本意却是一致的。一定要取便于当时人们叙述的名目，可以总称为论赞。

所谓论，是用来辨明疑惑，解释难以弄清的史实。如果所有的人都明白，当然就没有必要再讨论了。左丘明的“君子曰”，其本质意义就在于此。司马迁开始限定在各篇之末，各发表一段议论。如果事理上不是非有必要，就会勉强发表议论，史论的繁杂，正是萌芽于此。仿照《春秋》撰成史书，发论尤其应简明扼要。其中本无疑惑的事，动辄发表评论来评判，这是私自放纵笔端，盲目炫耀文采，把美妙漂亮的词句，写入史册，他们哪里知道史书的重要原则、编撰史书的宗旨呢？

…………

史书中有论赞，是希望记事不重复出现，文字简省而含义丰富。如《史记》太史公曰：看张良相貌像个美丽的女子；项羽有双瞳仁，难道是舜帝的后裔。这是另外增加言论，来补充史书记载的不详，就是所谓事情不重复的例子。又如班固“赞曰”：石建年老头白而仍为父亲洗衣，君子们批评他；杨王孙要求死后裸身下葬，比秦始皇贤德多了。这就是片言只语貌似简约，却包含了多种意思，也就是所谓文字简省而含义丰富了。到了后来，论赞的创作更多的是摘录纪传中的内容，如果有所不同，只是增加了文字上的粉饰罢了。更有甚者，天子的品德行为，已详记于本纪之末，再接着用论曰，重复前面的内容。本纪和论赞就没有区别了，只是徒劳地重复而已。

十 《唐才子传》：专为唐代诗人立传的著作

唐朝是中国诗歌史上的黄金时代，人才辈出，诗作极佳，既有“翡翠兰苕”“鲸鱼碧海”的美感，更有“不著一字，尽得风流”的技艺。到了元代，出现了一部专门记载唐朝诗人事迹的专书，它就是辛文房的《唐才子传》。鲁迅先生给友人许寿裳的儿子许世瑛开的中国文学学习书目，所列第二种就是此书，可见其地位之高。清人伍崇曜在《粤雅堂丛书·唐才子传跋》中盛赞此书“评骘精审，似锺嵘《诗品》；标举新颖，似刘义庆《世说》；而叙次古雅，则又与皇甫谧《高士传》等相同”。将《唐才子传》与《诗品》《世说新语》《高士传》等相提并论，一方面说明此书诗学价值之大，另一方面也体现其传记水平之高。

辛文房：诗人与传记作家

史籍中没有关于辛文房的专门介绍，根据目前一些零散的资料，我们可以知道：辛文房，字良史，元代西域人，家住豫章（今江西南昌），是集诗人与传记作家于一身的人物。大约生于元世祖至元二十二年（1285），早年曾在浙江等地游历学习，元武宗至大年间（1308—

1311）曾任国史院编修官，延祐元年（1314）前后任“省郎”（中枢诸省的官员）。

《唐才子传》中有辛文房的“引”，篇末有“有元大德甲辰春”之语，可知此书成于元成宗大德八年（1304）。结合辛文房的生平，可推知他是在二十岁时写成这部书的。又据该书卷十“陈抟”中提及“大节详见之《宋史》云”，可知辛文房应该读过《宋史》。而《宋史》修成是在至正五年（1345）。当然，据学者考证，《宋史》初稿在元初就已经完成，只是由于一些问题没有定稿而已，所以至正五年（1345）《宋史》定稿之前，元人著作中已有多人言及《宋史》。考虑到辛文房曾担任过国史院编修官，应该有机会看到《宋史》初稿，所以文中提到的《宋史》是初稿还是定稿，无法确定。即便如此，辛文房任国史院编修官也是在大德八年（1304）之后，由此看来，辛文房在大德年间完成《唐才子传》后，又根据自己的见闻和搜集的资料对此书进行了补充和修改。

一个二十岁的青年能够写成这样一部流传后世的著作，绝对称得上是“早慧”。从现有资料来看，辛文房的诗词水平是很高的。据元代陆友仁《研北杂志》卷下记载，辛文房在当时跟杨载、王执谦齐名。杨载是“元诗四大家”之一（其他三位是虞集、范梈、揭傒斯），辛文房能够与之齐名，可见他的诗名颇盛。西域诗人马祖常《石田集》卷二有《辛良史披沙集诗》一首，可知辛文房著有《披沙集》若干卷，只可惜已经亡佚。幸赖苏天爵《元文类》录有他的两首诗《苏小小歌》和《清明日游太博园林》，从中我们可以窥见辛氏的诗歌造诣。《披沙集》的“披沙”二字出自锺嵘《诗品》所载对陆机诗的评语“披沙简金，往往见宝”，辛氏以此为自己的诗集名，颇见其自得之意。

此外，辛文房的名字也可一说。其名“文房”，是唐代诗人刘长卿的字；其字“良史”，是另一位唐代诗人于良史的名。辛文房以这两位唐代诗人的名字做自己的名字，应该是有意为之的。《唐才子传》中对袭仿前人名号的现象多有论及，比如王贞白是仰慕外号“贞白先生”的陶弘景，所以给自己取名“贞白”；张碧因仰慕李白，于是仿效李白取字“太白”，而把自己的字取为“太碧”。辛文房对唐朝诗歌十分热爱，对唐朝诗人也十分推崇，于是这样为自己取了名字。颇有趣味的是，“良史”的意思是有学识、记事无所隐讳的史官。辛文房写了《唐才子传》这部诗人传记，又做过元朝国史院的编修官，“良史”之字可谓取得恰到好处。

内容及编写目的

所谓“才子”，是一个比较宽泛的概念，而且古今词义有所变化。据《辞源》“才子”条记载：

> 古指德才兼备的人。《左传·文公十八年》：昔高阳氏有才子十八人，……齐圣广渊，明允笃诚，天下之民谓之八恺。后多指有才华的人。《文选》晋潘安仁（岳）《西征赋》：终童山东之英妙，贾生洛阳之才子。

此后，才子专指在文学艺术方面有才华的人。而《唐才子传》之“才子”，显然比上面所述的范围要窄。纵览全书，我们发现其中所载的才子，并不是所有有才华的人，甚至不是在文章、书法、绘画等文学艺术方面有才华的人，而是专指那些以诗闻名的诗人，这也就确定了该书的立传范围，即以诗才见长之人。

《唐才子传》，全书共十卷，二百八十一篇，其中“引言”叙写对诗歌流变的看法及本书的编撰意图、立传标准，“六帝”为唐代几位有诗存世的帝王的合传，而“鬼”传则是对那些涉及狐魅鬼怪内容的诗歌作者的类传，并无具体的传主姓名。如果将此三篇剔除，《唐才子传》实有专传二百七十八篇，另附录一百二十人于专传后，共为三百九十八位诗人立传（实际涉及的人物不止这个数字）。每篇传记大致包括如下方面：传主名字及地域，进士登第年份，生平经历，诗歌创作，与传主或其诗有关的趣闻轶事，诗集或作品的流传情况，辛文房对传主、诗歌或某些诗歌现象的评论等。当然，具体的内容和顺序会随传主的情况而有所变化。

那么，我们不禁要问，辛文房为什么要编写这样一部书呢？作者在“引”中做了交代。

辛文房说自己受到曹丕《典论·论文》的影响，认为文学作品可以超越时间，垂于不朽。他接受了诗歌可以“动天地、感鬼神、厚人伦、移风俗”的观点，对诗歌的社会作用十分重视。而唐代，是诗歌的鼎盛时期，辛氏评论说：唐朝历时将近三百年，钟鸣鼎食，挟带着诗歌的雅正之道，中间大概经历三次变化，诗歌在词句上存在大批苦心雕琢的诗人，在声韵格律上达到了百步穿杨的境界，在诗歌法则方面能够齐备，在诗歌语言方面能做到独创。至于其中超逸绝伦的风度、流传不息的气韵，或为登临高处写出的诗歌，或是闲暇时候的轻吟之作，无论古体格律、古风乐府等，都能以芬芳滋润当时之人，以声韵振起老朽之人。对于唐诗，辛氏知之深而爱之切，认为唐诗有体皆备，无美不臻，成就足以迈越前人。至于唐代的诗人，作者也是十分敬佩，他说过大意如此的话“我悠远地想象他们的高尚情怀，自身也信服他们这样的诗道，然而在探究他们的行迹时，发现其传记资料都是零星、交错地出现，让阅览他们作品的人，对他们的音容笑貌难于了解，仅仅是把那些姓名对上号，却不能分辨其中的关键，我深切地认为这是大毛病。”为了解决这一问题，辛文房闲居在家时，摒弃一切事务，专心在简册中游目翻检，在史传和文集中用心搜求，进而补全这些诗人的传记资料，并撰写成完整的篇章，资料翔实且均有根据，以此来了解整个唐代诗歌的盛况，而成一家之言。这“成一家之言”的作品，就是《唐才子传》。

此外，还应看到，辛文房之所以对唐诗十分感兴趣，也是受其生活时代的影响。有学者提出，《唐才子传》是适应宋元之际诗风的转变而产生的。同时，对元诗的祧宋宗唐，又起着一定的开风气之先的重要作用。元诗宗唐，史有定论。明人胡应麟就说："元五言古，率祖唐人。"明末清初王夫之也承认元诗"以矫宋为工""矫宋诗之衰"。前面提及的"元诗四大家"，也是"一以唐为宗，而趋于雅，推一代之极盛"。

一般认为，宋诗至江西诗派时已走进死胡同，诗风转变问题在南宋后期就已经提出来了。转变这种风气的杰出人物，有姜夔、严羽、元好问、王若虚，其中尤以严羽为杰出。严羽在《沧浪诗话》中明确地揭起以盛唐为宗的旗帜，并以盛唐诗之"妙悟""兴趣"为美的原则，其最终目的则是复兴诗之"吟咏情性"的传统。元诗之矫宋弊，应该说主要是从严羽开始的。辛文房明显受到严羽的影响，对唐诗推崇备至，他写《唐才子传》也是为诗风转变问题服务的，从结果看，确实取得了不错的效果。

"成一家之言"的编写体例

首先，在传文编排上，主要是以传主生平时间的先后顺序排列。大致是初唐：卷一；盛唐：卷二、卷三；中唐：卷四、卷五、卷六；晚唐：卷七、卷八、卷九；唐末至五代：卷十。需要指出的是，书名为《唐才子传》，其中却收录了三位隋代诗人，即王绩、崔信明、李百药。这是辛文房的疏忽吗？当然不是。此三人虽在隋朝登第为官，但入唐后又履任唐朝官职，而且其诗名显盛时也在唐代，所以被列为“唐才子”是没有问题的。辛氏为其立传，大概也是为了追求“唐才子”资料的完备、齐全。《唐才子传》还为唐、五代之交的贯休、张瀛、沈彬、唐求、孙鲂、李中、廖图、孟宾于、孟贯、江为、熊皎、陈抟等人立传，应该也是基于上述考虑。历代诗歌，唐时而盛，流风所及，荫及五代，五代诗人之入传，也在情理之中。

其次，以诗名立传，而不论其人德行、功业、身份如何。对于传主的选择，即其人是否是才子，作者是以诗人的诗名或流传下来的诗歌作品为衡量标准的。也就是说，作者把诗跟诗人的社会地位分开来，即把诗歌从其人的功业上独立出来，从而更加客观地为诗人立传。所以，很多身份显贵但诗歌水平一般的诗人并没有入选，比如魏徵。傅璇琮先生认为此书是“因人而品诗，重点是标其诗格”。辛文房记录才子事迹的最终目的，还是为人们理解诗歌打下基础，这跟孟子强调的知人论世是一致的。

正是因为辛氏的这种思想，他才能关注到那些不为当时社会所重视的非主流人物，如方外高格（指出家高僧）、逃名散人（指隐逸高士）、上汉仙侣（指修仙道士）、幽闺绮思（指闺阁才女）等。

具体而言，唐代多隐士，其目的一是性情使然，二是借隐逸以扬名，三是借隐逸以避祸。《唐才子传》广泛地为此类诗人立传，如王绩、孟郊等，其中流露出辛氏“穷则独善其身，达则兼善天下”的处世思想。书中为道士诗人立传的也不在少数，除了吴筠、吕岩（洞宾）等人外，还有女道士李季兰、鱼玄机等。其中以吕岩的传文最为详细，不仅记载了他与道士钟离权、苦竹真人等的交往及其道术修为，而且多引他的诗文，并给予很高的评价，进而表达了辛氏对世外生活的向往之情。唐代重佛，佛僧中能诗者众多。比如著名的贾岛，早年出家为僧，号“无本”。传中记载他骑一跛驴访诗人李余得句：“鸟宿池中树，僧推月下门。”又欲作“僧敲”，踌躇之际，不觉冲撞了京兆尹韩愈。韩愈亦重诗，问明缘故，遂共定为“敲”，并结为布衣之交。这一趣闻逸事，使贾岛的形象跃然纸上。《唐才子传》还专门为三位女性诗人立了传，她们分别是李季兰、薛涛、鱼玄机。由此也可以看出，辛文房对待女诗人的态度与一般封建文人不同，他不仅不歧视女性，而且还赞扬她们的诗歌成就，这在当时是有积极的进步意义的。

最后，专传之后，时有简论。辛文房曾说自己写此书要“成一家之言”，这“言”主要体现在他的简论上。辛文房针对传主的情况，或论诗，或论事，或论人，随感而发，不一而足，颇具警策。

细言之，关于论诗，如对王昌龄传的论，认为其诗有建安风骨，比之同时的储光羲，王诗更为峻拔、浑厚、雄阔。关于论事，如在陈子昂传后，辛文房写道：“呜呼！古来材大或难为用，象以有齿，卒焚其身。信哉，子昂之谓欤！”辛文房有感于陈子昂丁父忧时，遭县令段简索贿而死于狱中之事，对唐代的社会腐败、贪鄙横行、高才见忌的不公现象表达了不满和愤慨。至于论人，则是《唐才子传》中最常见的，辛文房结合传主的情状，或论其诗誉，或赞其德行，或贬斥不良，因人而异。此处不再一一列举。

写作特点和价值

纵观《唐才子传》，它不仅仅是一部杰出的记载唐代诗人的传记，从中可以了解唐代的政治、经济、礼教、文化、习俗等对文学的影响，同时还是一部论述唐代诗歌风格变化及各位诗人艺术成就的专著。

此书的特点和价值主要体现在：首先，作为一部传记，其人物形象鲜明，突出了性格特征。除去因缺乏史料而无法详细展开的诗人，其他人物读者都可以充分感受到他们鲜活的生命，从而对众多的才子有更深刻的了解。比如有着“诗仙”之誉的李白，在辛文房的笔下，其“谪仙人”的形象呼之欲出：“母梦长庚星而诞”，“（贺知章）读至《蜀道难》，叹曰：子谪仙人也”，“贵妃捧砚，力士脱靴”，“长流夜郎。白晚节好黄、老，度牛渚矶，乘酒捉月，沉水中”。如此精彩的文字，使读者可以充分领略“诗仙”李白的风采，以及他恃才傲物、不事权贵的性格。名气不大的如贾驰，介绍的文字虽然较少，但并不影响让读者了解到一个醉心于科举却又无路可走的落寞书生的心酸历程。其实，如贾驰者在当时并非少数，所谓“窥一斑而知全豹”，了解了贾驰的经历，也就大致了解了唐代一些读书人的生活。

其次，本书虽为人物传记，却从多方面展现了唐代社会的风貌。书中所记人物，从隋末到五代，时间跨度在三百多年，他们的一言一行其实都流露出时代的影子，而时代也在他们身上留下了深深的烙印。所以，读者在了解他们生平的同时，也能感受到当时社会的点点滴滴。

举例来说，本书再现了唐代诗歌创作的盛况以及人们对诗歌的推崇。白居易是家喻户晓的诗人，他的诗浅显易懂，即使是老婆婆也能明白，因此“胡儿会吟琵琶语，童子解吟长恨歌”也就不足为奇了。而且唐代诗人的队伍在不断扩大，上自王侯将相，下至庶人百姓，都加入了诗歌创作的大军。而人们对诗歌的推崇，也可以从一些轶事中得到反映。书中记载“李涉”这个人物时，说他夜行遇强盗，强盗得知此人是李涉后，说道：“若是，勿用剽夺。久闻诗名，愿题一篇足矣。”李涉欣然题诗一首。即使强盗，都知道诗人李涉，可见唐诗和唐朝诗人的“知名度”确实很高。此外，像诗人之间的唱和、集会，就更比比皆是了。

时代环境、人文风俗在本书中也有较多涉及，使人们可以从另一个角度了解到唐朝社会的变迁。比如，从对王勃的介绍中可以看到滕王阁盛会上王勃作文时的风雅；从对李白、杜甫的介绍中可以感受到当时社会的动荡，“禄山反，明皇在蜀”，“会禄山乱，天子入蜀，甫避走三川”；从对陆羽、张又新的记载中可以看到盛唐时人们饮茶、品茶的风俗；等等。所以有学者将《唐才子传》视为研究唐代社会风俗的宝贵材料，这也是十分恰当的。

再次，我们可以从书中了解唐诗的风格及辛文房对唐诗的理解。虽为传记，但作者并非简单介绍人物的生平事迹，还有对各位诗人诗风的概括和评价，且这些评价都是比较中肯的。这对我们理解唐诗是颇有益处的。比如杜甫，他的“三吏三别”传诵千古，这也奠定了他作为“忧国忧民”诗人的地位。辛文房对“诗圣”的诗歌进行如此评价：“为诗歌，伤时挠弱，情不忘君，人皆怜之。”将诗歌内容、诗人品格概括得很精当、妥帖。

此外，作为诗评家的辛文房对唐诗也有着独到的见解，我们从《唐才子传》中就可以看到他对诗风的认识。辛文房认为，自南朝以来，古典诗歌格律化的过程到了唐初经过“文章四友”（崔融、李峤、苏味道、杜审言）及沈佺期和宋之问的发展，终于完成。在对沈佺期的评述中，辛文房写道："及佺期、之问，又加靡丽。回忌声病，约句准篇，著定格律，遂成近体，如锦绣成文，学者宗尚。"辛氏认为，后世所称的"近体诗"此时真正出现了，并且得到了后人的推崇。到了晚唐，社会动荡不安，诗风也在发生变化，已经显现出花间词的特点。辛氏对唐末的这种吟风弄月、描摹胭脂水粉的文字十分不屑，他认为文学创作的目的是放弃个人的声望和利益，充分关注社会的发展和国家的荣辱。今天看来，这个观点是有积极意义的。

最后，《唐才子传》的史料价值上也是很高的。记载唐代诗人传记的主要资料，比较可靠且为人所熟悉的就是旧、新《唐书》。但这两部正史所叙的诗人仅百人，而《唐才子传》叙及的则近四百人，其范围远较两《唐书》为广。不仅如此，两《唐书》所记诗人互有详略，而《唐才子传》则能吸收两书之长，使传记内容丰富了很多。比如，《旧唐书》中"诗家天子"王昌龄传仅有五十五字，而《新唐书》则增至九十九字，到了《唐才子传》，则多至一百八十字，不仅内容丰富了，而且表现了当时人对王昌龄之死的同情以及对他的崇敬之情。

纵观《唐才子传》的内容、体例、特点和价值，应该说，这部书凝结着辛文房对于有唐一代诗歌流变研究的心血，也倾注了辛文房作为诗人对于诗歌艺术的诚挚感情。此书无论是作为传记，还是作为反映当时社会风貌的典籍，都有它独特的成就，后人对此书大加推崇，也就不足为奇了。

经典诵读：《唐才子传》选读

陈子昂

子昂字伯玉，梓州人。开耀二年许旦榜进士。初，年十八时，未知书，以富家子任侠尚气弋博，后入乡校，感悔，即于州东南金华山观读书，痛自修饰，精穷坟典，耽爱黄、老、《易》象。光宅元年，诣阙上书，谏灵驾入京。武后召见，奇其才，遂拜麟台正字。令云："地藉英华，文称晫晔。"累迁拾遗。圣历初，解官归。会父丧，庐冢次，县令段简贪残，闻其富，造诈诬子昂，胁取赂二十万缗，犹薄之，遂送狱。子昂自筮卦，惊曰：“天命不佑，吾殆穷乎！”果死狱中，年四十三。

子昂貌柔雅而性褊躁，轻财好施，笃朋友之义。唐兴，文章承徐、庾余风，天下祖尚，子昂始变雅正。初为《感遇》诗三十章，王适见而惊曰：“此子必为海内文宗！”由是知名。凡所著论，世以为法。诗调犹工。尝劝后兴明堂、太学以调元气。与游英俊，多秉钧衡。柳公权评曰：“能极著述，克备比兴，唐兴以来，子昂而已。”有集十卷，今传。

呜呼！古来材大或难为用，象以有齿，卒焚其身，信哉！子昂之谓欤！（《唐才子传》卷一）

陈子昂

陈子昂，字伯玉，梓州人。开耀二年（682）许旦那一榜的进士。当初陈子昂十八岁时，不知道读书，凭借富家子弟的身份，行侠仗义，意气用事，打猎赌博。后来进入乡校，有所感触并悔悟，就在梓州东南的金华山道观读书，痛下决心，自我修治，精心遍究古代经典著作，喜欢研究黄老之术和《周易》卦象。光宅元年（684），他到朝廷献上奏疏，劝阻唐高宗灵驾西归长安之事。武则天召见了他，惊异于他的才华，便任命他为麟台正字（掌校勘文字），诏令中说："他的家乡铺满精华草木，他的文章也瑰丽夺目。"不断升迁到右拾遗。圣历初年，解除官职回家。适逢父亲过世，他在坟墓旁搭盖草庐居住守墓。县令段简贪婪残暴，听说陈子昂富有，就编谎话欺诈诬蔑陈子昂，通过威胁获取贿赂二十万缗，还觉得不够多，便把陈子昂送进监狱。陈子昂自己用蓍草算卦，惊叹道："老天不保佑我，我恐怕走投无路了啊！"果然死在监狱中，年仅四十三岁。

陈子昂容貌温和文雅，性格却比较急躁，轻视财富，乐于施舍，笃守朋友间的友谊。大唐兴起时，文章继承徐陵、庾信遗留下来的华靡风气，天下宗奉崇尚，到陈子昂才转变为典雅纯正。一开始，他写《感遇》三十首，王适看见了，惊讶地说："这人一定会成为天下的文坛宗主。"陈子昂因此出名。凡是他所撰著论述的，世人都奉为法规，诗的格调尤其工整。他曾经劝谏武则天修建明堂和太学，来调和国家元气。与他交往的英豪才俊，多执掌权柄。柳公权评价说："在著述上能登峰造极，富有比兴的内涵，大唐建立以来，只有陈子昂而已。”有文集十卷，如今流传在世。

唉！自古以来，才华出众者，有的难以施展，大象因为有象牙，最终自身难保。确实啊，这说的正是陈子昂啊！

十一　《通鉴纪事本末》：第一部纪事本末体史书

中国历史悠久，典籍浩瀚。说起史书的体裁或编撰体例，人们往往会想到编年和纪传两种，前者以“时”为线索，代表作有《春秋左氏传》《资治通鉴》等，后者以“人”为线索，代表作有《史记》《汉书》等。唐代著名史论家刘知幾曾对编年、纪传两种体裁进行比较，认为二者“互有得失”，应当“并行于世”。的确，在唐以前，“编年”和“纪传”是古代史书编纂的主要体例。到了南宋时期，袁枢根据司马光的《资治通鉴》，别出心裁地编成以“事”为线索的《通鉴纪事本末》一书，“遂使纪传、编年贯通为一，实前古之所未见”。于是在编年、纪传二体之外，中国史坛又出现了一种新的史学体裁——纪事本末体。袁枢和他的《通鉴纪事本末》，以及后世其他纪事本末体著作，为丰富和发展我国史学作出了积极的贡献，在史学发展史上占有相当重要的地位。

誉满士林的袁枢

袁枢，字机仲，南宋建州建安（今福建建瓯）人，生于宋高宗绍兴元年（1131），卒于宋宁宗开禧元年

（1205），一生历高宗、孝宗、光宗、宁宗四朝。

大约在魏晋“五胡乱华”时期，袁枢的先祖由河南汝南一带避乱南迁，至南宋时已定居在福建建安了。当时的建安地区文化较为发达，“家有诗书，户藏法律，其民之秀者押于文”。袁枢就是在这样一个环境中出生和成长的。

袁枢从小受传统文化的熏陶，据说八岁时就在屏风间题了一首诗：“泰山一叶轻，沧浪一滴水。我观天地间，何啻犹一指。”表现出了不凡的抱负。十七岁时，袁枢入太学，他勤勉好学，二十岁时参加国子监考试，所作文章深受当时学者的赞赏，认为他将来必成大器。三十三岁时，袁枢又参加了礼部考试，“词赋第一，隆兴元年登进士”。从此他涉足官场，开始了三十余年的官宦生活。

隆兴元年（1163），袁枢任温州判官，不久调任兴化军教授，又调任礼部试官除太学录。

乾道九年（1173），调任严州（今浙江建德）教授。在此职位上，他利用闲暇时间编撰了我国第一部纪事本末体的历史巨著——《通鉴纪事本末》。接着，他又任太府丞兼国史院编修官、工部郎官兼吏部郎官、提举江东常平茶盐、处州知州、吏部员外郎、大理少卿、工部侍郎兼国子祭酒、常德知府、江陵知府等职。六十六岁时，他因朱熹道学被定为“伪学”一事受到牵连，被弹劾而罢官。此后，袁枢过起了闲居著述的生活，他每日杖履，游山玩水，饮酒赋诗，同时深究学术，初好史而复好经，致力于《易经》的探索，著有《易传解义》《周易辨异》《易童子问》等。

袁枢为官三十余年，赢得不少好评，可谓誉满士林。他针对当时统治阶层中存在的言路不开、结党营私的风气，以及偏安江南的思想，向孝宗皇帝提出三疏：“一论开言路以养忠孝之气，二论规恢复当图万全，三论士大夫多虚诞、侥荣利。”他的政治活动基本都是围绕这三点展开的。

“一论开言路以养忠孝之气”，这是针对南宋最高统治者而提出的。袁枢历陈往事，举出自汉武帝至唐文宗，凡是偏听奸佞之言者，都造成了国家的祸乱，并以这个历史教训来规劝孝宗不要与“固有诈伪而似诚实，佞而似忠鲠者”共商国家大事，而要辨别忠奸，远离“小人”。但孝宗不听劝告，导致当时“士风日蔽，人才日偷”，党争不息，言路不开，政治不清明。

在太府丞任上，袁枢虽负责管理财政而非言事之官，但他却提出朝中之人互相勾结，招权纳赂，进退大臣，造成国事不振的时弊，并向孝宗直接指出臣下结党营私的根源，是因为皇帝有偏护之心，再一次规劝孝宗不要听信“小人”的毁誉，而要广开言路，听从国人的意见。

后来，袁枢又到处州任地方官，虽“处江湖之远”，却时刻“忧其君”。他不惜得罪当朝权臣，披露佞臣所施展的手腕，并直言台谏之臣不能发挥纠正纪纲的作用，导致言路不畅、政令不行。

虽然袁枢的谏言没有被皇帝采纳，但他不畏权势、直言谔谔、大义凛然的精神赢得了后人的赞许。

“二论规恢复当图万全”，这是针对南宋自高宗以来朝廷中出现的向金乞和、偏安江南的现象而提出的。孝宗即位后摆出一副收复中原的架式，修筑城防，积极备战，张北伐之声势。袁枢向孝宗提出建议：“古之谋人国者，必示之以弱，苟陛下志复金仇，臣愿蓄威养锐，勿示其形。”后来，袁枢在巡视真、扬、庐、和四郡灾情时，发现前线军事部署的失误，于是积极建议军事部署的重点应放在两淮。

应该说，袁枢的奏议是在金军虎视眈眈、民族矛盾尖锐、南宋朝廷中抗战派和妥协派斗争极为激烈的情况下提出的，他认识到收复中原是国家“图万全”的根本大计，其爱国之心和家国情怀由此可见。

“三论士大夫多虚诞、侥荣利”。袁枢对朝廷中出现的虚诞、荣利现象是嫉恶如仇、直言不讳的。张说因与皇后沾亲而被任命为签书枢密院事，掌握兵权。任命下达后，众臣哗然。袁枢对此更是愤慨，乃向皇帝进谏，迫使孝宗不得不采纳了他的意见。

袁枢任大理少卿时，“以仪法纠百官之失，职在监察群僚”的殿中侍御史冷世光收受贿赂，包庇罪民高氏。袁枢对冷氏的行为进行了揭发，最终孝宗罢免了冷世光的职务。史书评价说：“以朝臣劾御史，实自枢始。”

在江陵知府任内，袁枢发现江陵地处长江边，年年被江水侵袭，堤岸崩决，百姓受灾。为了防备水患，他迁徙百姓到他地居住，并种树数万株，维护堤岸。袁枢的爱民之心体现于此。

这就是袁枢，一个有爱国爱民之心和愤世疾邪之志的人，他是诤谏之臣，是不畏权贵之臣，是刚毅正直之臣。

此外，袁枢还继承了我国古代史家秉笔直书的优良传统。他兼国史院编修官负责修国史列传时，章惇（北宋中期政治家，官至宰相。在《宋史》中，他被列入《奸臣传》中）的后代曾以同乡的关系，请求袁枢对章惇的传记加以文饰。袁枢的态度十分坚决，说：

吾为史官，书法不隐，宁负乡人，不可负后世公议。

这种不徇私情的治史精神，受到了当时人的赞叹，称他“无愧古良史”。这大概也是《通鉴纪事本末》能影响后世的原因之一。

袁枢为什么要编这部书

袁枢为什么要编写《通鉴纪事本末》这部书呢？

一个目的是便于阅读。中国是一个历史悠久的国家，同时又是一个典籍丰富的国家。面对汗牛充栋的典籍，人们往往无从下手。司马光就曾说过：“《春秋》之后，迄今千余年，《史记》至《五代史》，一千五百卷，诸生历年不能尽其篇第，毕世不暇举其大略。”因此编写一部简明而又完备的通史，便成为社会的普遍要求。《资治通鉴》就是适应这一形势而产生的一部编年体通史。相比于各种繁富的史书，《资治通鉴》算是简要多了。然而这种“简要”，主要是针对处理史料的繁复性而言。

对于读者来说却是另外一回事。近三百卷的《资治通鉴》摆在面前，展卷开篇，今日三事，明日五事，日复一日，故事杂陈，欲弄清重大事件的脉络，也是很不容易的。为《资治通鉴》作注的胡三省讲了一件事：“公（指司马光）自言：‘修《通鉴》成，惟王胜之借一读；他人读未尽一纸，已欠伸思睡。’是正文二百九十四卷，有未能遍观者矣。”这个说法或许有些夸张，但循卷而读，因不易弄清史事的发展而产生闷倦，难以卒读，则是实际困难。

这就涉及编年体史书的一个弊病，这类体裁的史书以“年”为经，突出的是以时间为线索的历史发展顺序，逐年记载所发生的多项事情，而一完整的事件，则被年、月、日分割成若干碎片，如此一来人们便不易了解一件事的全貌，若想得知事件的始末，则需翻阅若干卷。梁启超总结说：

编年体之记述，无论若何巧妙，其本质总不能离账簿式。读本年所纪之事，其原因在若干年前者，或已忘其来历；其结果在若干年后者，苦不能得其究竟。非直翻检为劳，抑亦寡味矣。

南宋诗人、政治家杨万里具体描述了自己在阅读《资治通鉴》时的困难：

予每读《通鉴》之书，见其事之肇于斯，则惜其事之不竟于斯。盖事以年隔，年以事析。遭其初，莫绎其终。揽其终，莫志其初。如山之峨，如海之茫。盖编年系日，其体然也。

“如山之峨，如海之茫”，一语道出了读《资治通鉴》的困惑感。杨万里是著名学者，他读《资治通鉴》已感到如此困难，其他人不问便知了。

具有“爱君忧国之心，愤世疾邪之志”的袁枢，对于《资治通鉴》这部书是颇为推崇的，但在阅读时同样有杨万里的感受，于是他决定对《资治通鉴》这部书进行改编，使其成为一部便于阅读，便于从中吸取历史经验教训的著作。

袁枢敏锐地抓住《资治通鉴》“一事之首尾，或散见于数十百年之间，不相缀属，读者病之”的关键问题，以“事”为主线，把《资治通鉴》的史迹“区别门目，以类排纂，每事各详起讫，自为标题，每篇各编年月，自为首尾”，题后或文中也列有司马光的评语“臣光曰”。也就是说，袁枢把《资治通鉴》中属于同一事件的原文集中起来，按照时间的先后顺序抄在一起，同时给事件加上标题。就这样，一部上起三家分晋，下至五代周世宗征淮南，包括一千三百多年历史、共二百九十四卷的《资治通鉴》，被袁枢改编成了有二百三十九个专题、仅四十二卷的《通鉴纪事本末》。

从实际效果看，《通鉴纪事本末》确实达到了解决《资治通鉴》阅读困难的目的。以“秦并六国”一事为例，全文采编自《资治通鉴》卷二至卷七共一百四十余年的史事，记录了秦国自孝公至秦王政逐步灭六国、统一天下的过程。如果没有袁枢的拆编，我们了解秦统一一事，就需要翻阅六个卷次去查找相关信息，不仅费力，而且稍有疏忽，便可能导致片面的认识。因此，《通鉴纪事本末》编成付梓后，很快便受到人们的广泛肯定。

袁枢编《通鉴纪事本末》，还有一个目的，就是为统治者提供历史上有关治乱兴亡的经验教训，这个意图与司马光编《资治通鉴》的目的是相同的，即在于“穷探治乱之迹，上助圣明之鉴”。袁枢是史学家，同时还有一个重要身份就是南宋官员，而且是正直之臣、忧国忧民之臣。

孝宗乾道九年（1173），袁枢出任严州教授。严州是个地瘠民贫的小郡，袁枢到了那里，过着“却怜广文官舍冷，只与文字相周旋”的生活。此时，他将目光专注在历代治乱兴亡的问题上，企图通过总结历史经验，达到安邦定国的目的。

作为有理想、有抱负的南宋大臣，袁枢编《通鉴纪事本末》有着自己的想法，朱熹在《跋通鉴纪事本末》中说此书的作者“部居门目，始终离合之间，皆曲有微意”。所谓“微意”，无非是指陈王道得失，抒发编者的政治见解。因此袁枢把有关当时政治的主要问题，如杨万里所举的“曰诸侯，曰大盗，曰女主，曰外戚，曰宦官，曰权臣，曰夷狄，曰藩镇”等，作为全书的基本内容，使其成为当时及后世君臣的鉴戒。书中还对《祖逖北伐》《宋文图恢复》《宋明帝北伐》等详加阐述，原因就在于袁枢处在南宋时代，他主张抗金，并有恢复中原之志，联系这一点，不难看出他编书时的“微意”所在了。

正是由于这个原因，《通鉴纪事本末》初刊本刚一问世，立即引起人们的重视。参知政事龚茂良得到此书后，以其特有的眼光，认定此书“有补治道”，于是将其献给孝宗皇帝。孝宗见到此书，大喜过望，评价比“有补治道”更进一步，说是“治道尽在是矣”，乃命严州“摹印”十部，分赐给皇太子及一些大臣，令其熟读。杨万里在阐明此书“尽治道”的特色时说：国之病“不一矣，而其源不一哉。……得其病之之源，则得其医之之方矣，此书是也。有国者不可无此书”。这是把《通鉴纪事本末》奉为医国之方了。

然而，需要指出的是，《通鉴纪事本末》的内容是完全抄自《资治通鉴》的，因此，其史料价值并不高，不宜当作原始材料来用。有学者提出《资治通鉴》和《通鉴纪事本末》可以参照阅读，这种方法是可取的。其中说到，当我们阅读《资治通鉴》觉得疲倦时，最好放下来，去翻阅《通鉴纪事本末》。例如，刚刚读完唐朝初年的部分，歇一会，阅读《通鉴纪事本末》里的“高祖兴唐”“唐平东都”“唐平陇右”“唐平山东”“太宗平内难”“贞观君臣论治”等，这其实是从另一个角度对已经阅读过的材料进行复习，但又不是重复。这就好像一个熟悉的人，换过一身装束再相见，又有不同的惊喜。阅读《资治通鉴》是横着看，阅读《通鉴纪事本末》则是纵深看，“远近高低各不同”，这样才能整体地把握历史。

纪事本末体的创立及影响

《通鉴纪事本末》的篇幅比《资治通鉴》少很多，而且以事为纲，眉目清楚，旨趣明确，可以说是中国古代一部精粹的历史教科书，同时在传播历史知识方面，也起到了一定的积极作用。

后人总结出此书的三大优点：一是将重要史实按次序分别立目，独立成篇，可补编年、纪传两体之不足，即“文省于纪传，事豁于编年”。二是把浩繁的历史事件整理得“经纬明晰，节目详具，前后始末，一览了然”，弄清了历史事件的来龙去脉、前因后果，方便于读者的学习，是学史之捷径。三是把治乱兴亡的政治系统化、故事化，减少了人们读史的困惑，增强了读史的兴趣。

此外，这部书还有一个主要价值，就是为中国史书的编纂创立了一种新的体裁——纪事本末体。《四库全书总目提要》中说：

古之史策，编年而已，周以前无异轨也。司马迁作《史记》，遂有纪传一体，唐以前亦无异轨也。至宋袁枢以《通鉴》旧文，每事为篇，各排比其次第，而详叙其始终，命曰纪事本末，遂又有此一体。

至此，我国古代史书的三大基本体裁——编年、纪传、纪事本末宣告完备。

杨万里、吕祖谦、朱熹等学者在为《通鉴纪事本末》作序跋的时候，惊喜之余，都对袁氏的此项创造性工作夸赞有加。明人徐申进一步评论说：

史之体有二，左氏以编年，而司马氏为纪传世家；编年重在事，而纪传世家重在人。重在事者，其人多阔略而无征；重在人者，其事常散漫而难究。

故袁氏之《通鉴本末》出焉。其体兼用左、马，而取其事之最巨与其人之最著者，各以年汇次之，一举始而终瞭然若指掌，读史者尤便之。

徐申看出了以往史书体裁存在的缺点，也看到了袁枢此书的重要意义。袁枢的《通鉴纪事本末》是在纪传与编年二体的基础上进行创新，另立一家，创造了纪事本末这种历史编纂法。

针对纪事本末这种体裁，近代学者梁启超给予了高度评价，他说：

盖纪传体以人为主，编年体以年为主，而纪事本末体以事为主。夫欲求史迹之原因结果以为鉴往知来之用，非以事为主不可。故纪事本末体，于吾侪所理想的新史最为相近，抑亦旧史界进化之极轨也。

又说：

研究历史，必把一件件的史迹看为集团，才有下手的地方，把史迹看作集团研究，就是纪事本末体。

正是由于纪事本末体的优点和特点，自南宋袁枢《通鉴纪事本末》之后，继作踵起。比较有名的有明代陈邦瞻的《宋史纪事本末》《元史纪事本末》，清代马骕的《绎史》，清代高士奇的《左传纪事本末》，清代李有棠的《辽史纪事本末》《金史纪事本末》，清代谷应泰的《明史纪事本末》等。这些著作为丰富和发展我国史学作出了积极的贡献。

经典诵读：《通鉴纪事本末》选读

汉武帝元朔三年。初，匈奴降者言："月氏故居敦煌、祁连间，为强国，匈奴冒顿攻破之。老上单于杀月氏王，以其头为饮器，余众遁逃远去，怨匈奴，无与共击之。"上募能通使月氏者，汉中张骞以郎应募，出陇西，径匈奴中，单于得之，留骞十余岁。骞得间亡，乡月氏西走，数十日，至大宛。大宛闻汉之饶财，欲通不得，见骞，喜，为发导译抵康居，传致大月氏。大月氏太子为王，既击大夏，分其地而居之，地肥饶，少寇，殊无报胡之心。骞留岁余，竟不能得月氏要领，乃还，并南山，欲从羌中归，复为匈奴所得。留岁余，会伊稚斜逐於单，匈奴国内乱，骞乃与堂邑氏奴甘父逃归。上拜骞为太中大夫，甘父为奉使君。骞初行时百余人，去十三岁，唯二人得还。

元狩元年。初，张骞自月氏还，具为天子言西域诸国风俗："大宛在汉正西，可万里。其俗土著，耕田。多善马，马汗血。有城郭、室屋，如中国。其东北则乌孙，东则于寘。于寘之西，则水皆西流注西海；其东，水东流注盐泽。盐泽潜行地下，其南则河源出焉。盐泽去长安可五千里。"（节选自《通鉴纪事本末》卷三）

汉武帝（刘彻）元朔三年（前126）。起初，匈奴投降过来的人透露说："月氏原来居住在敦煌郡和祁连山之间，本来是一个强盛的国家，匈奴冒顿单于击败了他们。后来老上单于击杀了月氏王，用他的头颅当酒器，月氏其余的部众逃遁到西方，一直怨恨匈奴，却没有人和他们联合一起攻打匈奴。"这引起了汉武帝的重视，于是下令招募愿意出使月氏的使者，想要联络月氏人攻打匈奴。汉中郡人张骞以郎官的身份应募出使，他从陇西郡出发向西，途经匈奴控制的地区时被单于俘获，一连扣留了十余年。可是，张骞一直不忘使命，终于找到机会逃离了匈奴，继续寻找月氏国。他向西走了几十天到达大宛国，大宛人早就听说汉朝物产丰盈，非常向往，想要通使往来，却一直没能实现，他们见到汉朝的使者张骞，非常高兴，主动派向导和翻译送他们到康居国，然后转送到大月氏国（月氏国西迁后称大月氏）。原月氏国太子已经被拥立为大月氏国的国王，他们击败了大夏国之后，占领了那里的土地，定居下来。由于当地土壤肥沃，物产丰富，又少有外患，因此而安居乐业，一点也没有报复匈奴的想法了。张骞在大月氏待了一年多，终究得不到答复，只好离开那里回国。他沿着天山和祁连山南麓，打算取道羌人居住的地区返回长安，不料又被匈奴人俘获。居留一年多，正赶上匈奴伊稚斜逐於单，匈奴内乱，张骞趁机带领堂邑氏的奴仆甘父逃回长安。汉武帝兴奋不已，任命张骞为太中大夫，封甘父为奉使君。张骞出使时率领一百余人，一去十三年，如今只有他们二人生还。

元狩元年（前122），在张骞从大月氏返回后，向汉武帝详细报告了西域各国的风土人情："大宛在汉朝的正西，距离长安大约一万里。那里的百姓定居，以农耕为业，多产良马，马出的汗像血一样红，称汗血马。他们也建造城郭、房舍，与汉朝相似。大宛的东北是乌孙，东面是于阗。于阗以西，河水都向西流，注入西海；于阗以东，河水则向东流，注入盐泽。盐泽一带的水潜行在地下，其南面就是黄河的发源地。盐泽距离长安大约五千里。"

十二 《廉吏传》：官员修身从政的上佳读本

习近平总书记在2019年春季学期中共中央党校（国家行政学院）中青年干部培训班开班式的讲话中强调，干部要想行得端、走得正，就必须涵养道德操守，明礼诚信，怀德自重，保持严肃的生活作风、培养健康的生活情趣，特别是要增强自制力，做到慎独慎微。一个人廉洁自律不过关，做人就没有骨气。要牢记清廉是福、贪欲是祸的道理，树立正确的权力观、地位观、利益观，任何时候都要稳得住心神、管得住行为、守得住清白。

的确，领导干部的廉洁与否，极大地关系到执政的力度和信誉度，决定着事业的成败，甚至影响国家的兴衰。

明史以鉴今，中国历史上出现了众多的“廉吏”，他们的品行和修为对后世产生了很大影响，至今仍具有一定的现实意义。

宋朝费枢初编、明代黄汝亨续编的《廉吏传》让中国古代廉吏第一次在历史舞台上集体亮相，这是一部能够使人特别是领导干部培养成浩然正气，做到自重、自省、自警、自励的上佳读本。

中国古代对“廉吏”的重视

廉吏是一个综合概念，正如朱熹对“廉洁”的阐释：“清者，其志之不杂。廉者，其行之有辩。洁者，其身之不污。”就是说，一个人内在的志向“不杂”，即内心的思想不杂乱，不受外界物质的诱惑；外在的行为端正方直，能够明辨是非；最终洁净一身，没有被不良环境所污染。这实际是从内外两个维度概括了廉吏的标准：内，即对自身的要求，要不忘初心，坚守原则和底线；外，即对为政的要求，要坚持原则，行有法度。

自《春秋》以来，我国的历史书写便确立了一个原则，那就是将道德观念与政治理想融入其中，通过人物的事迹来定褒贬、明得失。也就是说，历史的编撰与流传不仅仅是出自简单的求知欲，还是士人积极介入社会生活以实现其政治理想的重要方式，正如司马迁在《史记·太史公自序》中所说：“夫《春秋》，上明三王之道，下辨人事之纪，别嫌疑，明是非，定犹豫，善善恶恶，贤贤贱不肖，存亡国，继绝世，补敝起废，王道之大者也。”《春秋》一书所寄托的“王道”政治理想，一直激励着人们砥砺修身，积极参与到现实政治中，践行他们“致君尧舜上，再使风俗淳”的理想。

中国自古就对“清官廉吏”颇为重视，史书中也屡见记载。在传统士人眼中，社会的安定与否、国家的兴衰存亡与君主和为官者的道德及作为有很大关系。所谓“治世”或“盛世”的形成，是君明臣贤、励精图治的结果，而“衰世”和“乱世”则是由于社会道德遭到破坏，君主沉溺于声色之中，奸臣弄权于朝堂之上，忠良之士隐于草野造成的。这一观念固然有其局限性，但我们又不得不承认其中的合理性。原因在于，我们在讨论历史兴衰时，往往强调制度的决定性作用，却忽略了一个重要的问题，那就是制度是由人来制定和运作的。在中国古代社会，无论制度设计得多么严密、合理，倘若没有合适的人来执行和维护，则会变成一纸虚文。比如，明朝的监察制度相对完善，且惩治贪官的力度不可谓不大，手段不可谓不“残忍”，但明朝中后期的贪腐现象在历朝历代中也是极为突出的，这与晚明时期士风败坏、官场奢靡之风盛行有着密切的关系。由此看来，为官者的道德素养和从政方式对社会风气及社会秩序起着不容小觑的作用，而且对当代社会也有着很大的启示意义。

司马迁的《史记》开创了纪传体体例，成为历代正史编撰的标准。由此，历史中的各类人物在史书中各得其所，“明君”“仁君”与“昏君”“暴君”，“忠臣”“清官”与“奸臣”“贪官”，在史官那里各有褒贬，或流芳百世，或遗臭万年。每一个在政治舞台上活动的重要人物，都在史书中存有影像。其中，“廉吏”即我们通常所说的“清官”，是一个重要的类别。关于“廉吏”的明确记述，当以《史记·循吏列传》为始。虽然司马迁并未使用“廉吏”这一名称，但“循吏”就是指清廉正直、严守纲纪、仁厚爱民、广施教化的为官者，集中体现了官吏“奉职循理”的理念。《史记》之后，历代史家都重视对“循吏”、“良吏”或“廉吏”的记述，以寄托政治理想。虽然名称有差异，但其宗旨立场和对历史人物的评判标准则是一致的。

在这种传统的影响下，一些有志之士会在国运衰颓、政治混乱之时，选取史书中清官廉吏的事迹，编为一书，以起到激浊扬清、砥砺士风的作用。两宋之交成都人费枢的《廉吏传》就是这样一部书。

宋代费枢的编撰初心

《廉吏传》的作者费枢，成都府广都县（今四川成都双流区）人。关于他的仕宦经历，《四库全书总目提要》称已经无从考察了，当代学者经过考证，认为他在宋高宗绍兴年间曾出任归州（治所在今湖北秭归）知州。

费枢生活在两宋之交。我们知道，北宋徽宗在位期间，为了满足自己的私欲，大兴土木，大肆挥霍，不惜动用大量民力物力，营造皇家园林。“花石纲之役”就是此时发生的事。花石纲是中国历史上专门运送奇花异石以满足皇帝喜好的特殊运输交通的名称。“纲”是指一个运输团队，往往十艘船称一“纲”。徽宗时，指挥花石纲的有杭州“造作局”、苏州“应奉局”等，他们奉皇帝之命对东南地区的珍奇之物进行搜刮。由于花石船队所过之处，当地的百姓要供应钱谷和民役，有的地方甚至为了让船队通过，拆毁桥梁，凿坏城郭。因此“花石纲之役”让江南百姓苦不堪言，《宋史》记载“花石纲之役”“流毒州县者达二十年”。上有所好，下必甚焉。朝堂晦暗，奸佞横行，政以贿成，贪腐成风，终致不可收拾，于是有了“靖康之耻”，徽、钦二宗被金兵俘虏，北宋灭亡。

费枢亲身经历了这一时期的内忧外患，作为一个有理想、有抱负的士人，大概由于无法在官场上施展自己的才能，于是他在徽宗末年收集整理历代史籍中为官清正、有功于社稷、施仁政于百姓者的事迹，统以“廉吏”名之，合编为《廉吏传》一书。

《廉吏传》的编纂意图按照《四库全书总目提要》的说法是激励人们立有志节、端正品行。因此，书中人物只要能够廉洁不贪，便省略他的其他事迹，只摘录这一方面的长处。每个人物传记的后面基本都有评断。《四库全书总目提要》还评价这部书“综核大致，其议论去取，犹可谓不谀不隐者矣”。意思是，综合考察全书的内容，它的议论取舍，可以说是不阿谀也不隐晦了。应该说，这个评价还是相当高的。而作者在每个人物传记后施加批注，应该是仿照正史中的“论赞”体例（《史记》是“太史公曰”），在发表观点之余，突出了所记人物的品格和精神。

从内容来说，费枢的《廉吏传》所涉人物上自春秋，下至唐末，共一百一十二人，以春秋时期鲁国大夫季孙行父起首，以唐人卢钧殿后，主要记述了这些人物行清廉之操守及其为官的政绩。这部书将那些淹没于浩繁卷帙且大多令名不彰的廉吏集中起来，第一次让他们在历史舞台上集体亮相。编撰者为这一群体立传，就为了针砭当时颓败衰朽的官场风气，希望借此弘扬正气，唤起同道，激起为官者对于家国天下的责任感。

明代黄汝亨增补续编

费枢的《廉吏传》对后世产生了一定影响。到了明代中期，黄汝亨在费枢《廉吏传》的基础上进行增补续编，所成之书仍名《廉吏传》，这也是我们今天常见的版本。

黄汝亨（1558—1626），字贞父，浙江仁和（今浙江杭州余杭区）人。万历二十六年（1598）进士，翌年做进贤知县，颇有政绩。后为南京工部主事，改礼部郎中，迁江西提学佥事，进本省布政司参议。后谢病归隐，结庐南屏，题曰“寓林”，以著述为主，又与汪汝谦等众多文人雅士闲游山水之间。其著述除《廉吏传》外，还有《寓林集》《寓林诗》《天目游记》《古奏议》等。

黄汝亨之所以续编增订《廉吏传》，与当时的社会背景和史学趋势不无关系。

黄汝亨踏入官场之际，明朝已经走入“晚明”时期。万历皇帝虽然不是宋徽宗那样的亡国之君，但有学者指出，明朝实亡于万历。万历皇帝是中国历史上少见的“怠政皇帝”，他不见大臣，不理政务；与宋徽宗兴起“花石纲之役”类似，为了敛财，他派出宦官到各地征收矿税和商税，宦官所到之处大肆扰民，专以贪污纳贿、敲诈勒索为能事。此时的官员，也是日渐腐朽，沉溺于奢靡享乐之中，导致官场风气污浊，政风衰败。

身处末世的黄汝亨清楚地看到当时社会弊病的根由在于礼崩乐坏、纲纪废弛，士大夫阶层精神堕落、蝇营狗苟，因此他在《廉吏传》的序言中明确表示编撰本书的目的在于“扬清风，惩败类，使夷跖分途，治乱征象，泾渭画然，为世劝戒”。意思是借此书弘扬清风，惩处败类，使好人和坏人截然分开，使安定和动乱的种种表现泾渭分明，以此作为社会的一面镜子，起到劝诫世人的作用。这也是对“孔子作《春秋》而乱臣贼子惧”的修史传统的继承和发扬。

自明初以来，一些史家或士人就致力于纂修、改编和续写旧史，主要原因包括以下几点：一是旧史存在繁芜、陋劣、体例不纯等问题，需要改编，以删除芜杂，订正错误，弥补不足。二是旧史对一些问题要么故意忽略，要么语焉不详，需要加以完善，以弥补史之缺漏。三是通过改编旧史，总结历史经验，以达到经世致用的目的。四是从旧史和其他典籍中搜集人物事迹、典章制度等重新编纂，以达到褒贬人物，惩恶扬善或存史、补史的作用。

万历中叶以来，仍然有不少人热衷于此，他们继承了前人的修史精神和修史宗旨，纂修、改编和续写了大量史书，成为明末清初私家修史的重要组成部分。黄汝亨的《廉吏传》就是其中之一，意在警示当代及后世的官员要“见贤思齐，见不贤而内省”。

就内容来说，黄汝亨在《廉吏传·凡例》中写到，大意如此：《廉吏传》的手抄本，我最初从吴之矩那里得来，原是宋代成都人费枢所编撰，……共收一百一十二人。我搜阅正史，增补了一百三十三人。宋元两代廉吏，不见于旧传，因为编者是宋代人的缘故。如今我考证宋元史事，接续前书新增六十四人。全书总共为三百零九人立传。另外，旧传中有些叙事过于简略，难以表现其品格时，则斟酌增补相关史实。

纵观《廉吏传》的目录，其中有我们比较熟悉的官员，如百里奚、晏婴、李广、诸葛亮、陶潜、吕端、范仲淹等，更多的则是我们不太熟悉或只听说过名字的清官，如乐喜、第五伦、时苗、贺循、裴子野等。

但在成书时，黄汝亨仅署自己之名，而不写费枢，因而受到掠美之讥。

黄汝亨《廉吏传》的特点

将黄汝亨的《廉吏传》与费枢的“旧传”相比较，可以发现黄氏的《廉吏传》有如下特点：

首先，黄汝亨在《序》中说，“清廉一说，不同种类，各有分别；不同境界，各有建树；不同气量，各有宽狭。我于是搜集正史，考证其行事，核验其性情，探究其归宿，把历代清官列为上、中、下三等，分别著于篇首”。黄氏在《凡例》中又说，（人物）“列为上等者，在其传记篇首题一‘上’字，中等者题一‘中’字，下等者题一‘下’字”。接着说道，“旧传没有上、中、下三等的分别。今据鄙人浅见，斗胆仿照孔子‘中行狂狷、品士之目’的做法，一一分列”。也就是说，黄氏将《廉吏传》中的历史人物评定出上、中、下三等，这是费枢“旧传”所没有的，而黄汝亨的评判标准则是儒家“修身齐家治国平天下”的价值观。

在黄汝亨看来，为官的根本目的在于实现天下太平、百姓安康的政治理想，清廉则是践行这一理想的一个必要条件。黄汝亨将那些能洁身自好、甘于清贫却没有什么突出政绩者列为下等；而上等的评定，一方面要求其品格足以为后世楷模，另一方面则重点强调其政绩之突出。综合看来，列入上等者多为历代名臣，他们有的身居宰辅之位而能匡扶朝政，成就善治，惠及苍生，如春秋时期齐国的晏婴、蜀汉丞相诸葛亮、有“大事不糊涂”之称的北宋吕端等；有的则是能于危难之际不改其志、坚持操守，如唐代的段秀实、司空图。至于列入中等者，则多是有造福百姓的善政而为民众所追念之人。

需要指出的是，像周公、孔子等人，黄汝亨并没有列入书中，原因正如他自己所言：自古以来的帝王辅弼之臣如伊尹和周公，道德之儒像孔子和孟子，以及历代名臣圣贤，彪炳千秋而不仅仅以清廉著称的，全史都在，本书不收入。

其次，如前所述，费枢所撰《廉吏传》中，每位人物的传记后面都有费氏的评论，黄汝亨在增补的过程中将费氏的评论尽行删除，而在每位廉吏事迹的末尾加上了自己的简短评语。这充分体现了黄汝亨仿《春秋》“微言大义”的意图，评语最多数十字，点出人物为何值得效仿或何处显得褊狭而不足为法。从这些评语中，我们也可以看出黄汝亨的价值观和为官准则。如对东汉宋弘的评价是“见危授命，富贵不能淫，此是真廉”，“见危授命”，说的是在危急关头能够献出自己的生命，体现了为官的大义，富贵不能乱其心，体现了为官的操守，这是黄汝亨心中上等廉吏的形象。又如对东汉崔寔的评价为“有至行，有略，又有经术文采，生死贫薄，是第一流”。至行，是有极高的品德，加之有策略和治国安邦之术，还有文采，且生活清贫，也就是不贪污腐化，从品德到做人再到从政，都是第一流的。

当然，对于廉吏，黄汝亨也不是一味地肯定，他对能行仁政、推行教化的廉吏评价比较高，而对偏好用强硬手段的从政者则颇有微词。比如西汉的赵禹，以清廉和执法严明著称，黄氏对他的评价是“廉矣，又称文深，称倨，近申、韩家”。意思是，赵禹这人确实廉洁，但是他执法苛严、为人傲慢，观点接近申不害、韩非一派的主张。前面说过，黄汝亨是以儒家立场和观点评价历史人物的，儒家主张“道之以德，齐之以礼，有耻且格”，而法家注重“道之以政，齐之以刑”，因此赵禹自然要受到黄氏的一些批评。其实，是否用严刑峻法，与当时的社会情况是分不开的，因此我们在对人物进行评价时还要具体问题具体分析。

最后，黄汝亨还创造性地设立了《廉蠹》篇，包括郅都、张汤、尹齐、公孙弘、朱博、虞玩之、刘览、厍狄士文、卢杞、牛僧孺十人。《廉蠹》这一部分可以说是黄氏经过独立思考所得，也是相较于费枢在历史人物的认识和评价方面略显特别之处。廉吏本来是为官的楷模，但黄汝亨却指出那些违逆人的本性而残忍严酷者，没有恻隐之心，捐弃仁恕之道，虽廉亦不足以效法。

纵观《廉蠹》篇，其中收录的人物如果从不收受贿赂、不积蓄私产、不徇私情等行为来说，无疑是属于“廉吏”的，但是黄汝亨认为他们虽然不贪钱财，其政治作为却从根本上违背了儒家追求仁政的政治理想，非但不足取法，根本就是反面典型。比如西汉的郅都、张汤，列入《史记》的《酷吏列传》，他们推行严刑峻法，揣摩上意，陷人入罪，虽然面对财物时他们是清廉的，但实际上是“贪生残矣”，就是贪的是残害他人的生命，这也是不足取的。

清末刘鹗的谴责小说《老残游记》中记载了一个“清官”为祸的故事，书中写道：“赃官可恨，人人知之，清官尤可恨，人多不知。盖赃官自知有病，不敢公然为非；清官则自以为不要钱，何所不可？”鲁迅在《中国小说史略》中评论道：“历来小说，皆揭赃官之恶。有揭清官之恶者，自《老残游记》始也。”其实，刘鹗和鲁迅所说的这类特殊的“清官”，就是黄汝亨所说的“廉蠹”。黄汝亨自己也说，他创立《廉蠹》篇的目的是要辨别真的廉洁与伪装廉洁的区别，这也启示我们，评价官员的廉洁问题不能脱离基本的道德观和价值观。

总之，《廉吏传》一书贯穿着一条主线，那就是“修身”的理念。成大事者先做人，从政者只有“身正”，才能“不令而行”。纵观书中所记人物，大都立志坚定，坚持操守。对于他们来说，清廉不仅是为官的道德准则，也是实现人生理想所必需的修为，这一宝贵的精神遗产，值得我们继承和发扬。

经典诵读：《廉吏传》选读

【上】刘宠

刘宠，字祖荣，东莱牟平人。以明经举孝廉，除东平陵令，仁惠为吏民所爱。母疾，弃官去，百姓将送，塞道，车不得进，乃轻服遁归。后四迁，为豫章太守，又三迁，拜会稽太守。山民愿朴，乃有白首不入市井者，颇为官吏所扰。宠简除烦苛，禁察非法，郡中大化。征为将作大匠。山阴县有五六老叟，龙眉皓发，自若邪山谷间出，人赍百钱以送宠。宠劳之曰："父老何自苦？"对曰："山谷鄙生，未尝识郡朝。它守时吏发求民间，至夜不绝，或狗吠竟夕，民不得安。自明府下车以来，狗不夜吠，民不见吏。年老遭值圣明，今闻当见弃去，故自扶奉送。"宠曰："吾政何能及公言邪？勤苦父老。"为人选一大钱受之。转为宗正、大鸿胪。延熹四年，代黄琼为司空，以阴雾愆阳免。顷之，拜将作大匠，复为宗正。

建宁元年，代王畅为司空，频迁司徒、太尉。二年，以日食策免归。宠前后历宰二郡，累登卿相，而准约省素，家无货积。尝出京师，欲息亭舍，亭吏止之曰："整顿洒扫，以待刘公，不可得也。"宠无言而去，时人称其长者。以老病卒于家。

【上等】刘宠

刘宠，字祖荣，东莱牟平人。刘宠因明习经学被举荐为孝廉，任官东平陵令，他施政仁惠，受到吏员和民众的爱戴。由于母亲生病，刘宠弃官离去，为他送行的百姓阻塞了道路，车辆不能前进，他就轻装简从悄悄回家了。刘宠后来四次迁官，任豫章太守，又三次迁官，任会稽太守。会稽山中的百姓心地淳朴，乃至有一辈子都不进城的，他们经常被官吏骚扰。刘宠简化烦苛的政令，查禁非法的行为，使郡中政治清明。朝廷征召刘宠担任将作大匠（掌管宫室的修建）。刘宠离开会稽郡时，山阴县有五六位老者，白眉皓发，从若邪山谷间出来，每人带着一百钱送给刘宠。刘宠慰问他们说："父老为何这样苦自己呢？"老者们回答说："山谷中的小民，未曾认识郡守。其他太守在职时，官吏向民间索求，从白天一直到夜晚，有时甚至狗一直叫到天亮，百姓不得安生。自您到任以来，晚上狗不叫了，老百姓也不用见官吏了。年老了终于遇上这圣明时代，如今听说您将离去，所以相互搀扶前来送行。”刘宠说：“我的政绩哪能像您所说的那样呢！辛苦父老了。”迫不得已，刘宠从老者们送来的钱中选了一枚大钱收下。后来刘宠又转任宗正、大鸿胪。延熹四年（161），刘宠接替黄琼任司空，因大雾蔽日天气反常而被免职。不久后，刘宠再被任命为将作大匠，又转任宗正。

建宁元年（168），刘宠接替王畅任司空，后升迁至司徒、太尉。建宁二年（169），刘宠因为关于日食的对策不合圣意而被免官回家。刘宠前后历任两郡太守，位登卿相，而朴素省俭，家里没有积财。刘宠曾经出京，想要在驿舍投宿，亭吏阻止他说：“这里在整顿洒扫，等待刘公的到来，不能接待您了。”刘宠什么也没说就离开了，当时人称他是有德行的高人。后来刘宠因为老病在家里去世。

十三 《三事忠告》：古代官箴中的经典之作

为什么会得到后世的推崇

《三事忠告》是中国古代官箴中的代表作，作者张养浩，元代著名文学家、政治家。

《三事忠告》是《牧民忠告》《风宪忠告》《庙堂忠告》三本书的合称。《牧民忠告》二卷，主要是从官员的德行和职事上来阐述如何当好地方官员，管理和爱护百姓；《风宪忠告》一卷，主要是从官员的遵纪和守法上来阐述如何当好监察官员，维护法纪，倡导良好道德；《庙堂忠告》一卷，“庙堂”即太庙的明堂，是古代帝王祭祀、议事的地方，代指朝廷，是讲如何当好像宰相这样的朝廷大员，忠于国家，修身立德。

这三部书最初是单独行世的，明洪武二十二年（1389），广西按察司佥事黄士宏将三本书合刊为一册，总题为《为政忠告》，后改为《三事忠告》，从此风行于世。明人张纶在《林泉随笔》中如此评价《三事忠告》：

> 张文忠公（张养浩死后谥“文忠”）《三事忠告》，诚有位者之良规。观其在守令则有守令之式，居台宪则有台宪之箴，为宰相则有宰相之谟。醇深明粹，

真有德者之言也。

《四库全书总目提要》对这部书也有高度评价：

其言皆切实近理，而不涉于迂阔。盖养浩留心视政，举所阅历者著之，非讲学家务为高论，可坐言而不可行者也。

此外，《三事忠告》还流传到了日本等国，受到了广泛的重视。

这部书之所以受到推崇，与其自身特点是分不开的。

一般认为，《牧民忠告》是张养浩担任堂邑县尹时所著，《风宪忠告》是他任监察御史时所著，《庙堂忠告》是他任参议中书省事时所著。也就是说，《三事忠告》并非张养浩毫无根据的高谈阔论，而是他对自己从政经验的总结和阐发，是他真情实感的流露，书中的理念有着丰富的实践作为根基。加之张养浩本人又是文学家，此书文思清晰，语句练达，含义深澈，读来很有兴味。

另外，这部书着重阐发和论述了官德思想和为政之道，对后世从政者多有启发。他认为，作为官员，首先要戒除贪欲，清廉为官，这样才能爱民如子，除暴安良；同时在个人修养和接待同僚方面，要严于律己，敬上礼下，待人以恕，胸怀宽广，遇到大事要宠辱不惊，而在卸任时则要看淡去留，主动与下一任进行交接。在为政之道方面，张养浩认为官员就任之时，不要着急入驻官舍，而是要对当地进行一番认真细致的调研，摸清“民瘼轻重，吏弊深浅，前官良否，强宗有无，控诉之人多与寡”这五个方面的情况，让自己心中有数；在断案时，要把握原则，做出公正的裁断；在治民时，要不夺农时，出现天灾时应全力救助；在端正社会风气时，要惩恶扬善，敦重教化。

由此看来，《三事忠告》一书是为官行政中的经典之作，受到后世推崇也就不足为奇了。

张养浩为什么要编写这样一部书

张养浩一生先后经历元世祖、成宗、武宗、仁宗、英宗、泰定帝、天顺帝和文宗八朝，由于这些皇帝在位时间都比较短，所采取的政策方针也有所不同，像仁宗和英宗都深受儒家思想影响，即位后都采取了积极有效的汉化政策；而成宗、武宗则带有浓厚的蒙古贵族气质，即位后采取带有蒙古文化色彩的政策。这种政策的不延续性和混乱性，导致元朝的政治始终处在一种不安的状态。

特别是元朝建立后，虽然以“祖述变通”为施政方针，但还是保留了大量的蒙古旧制，这些旧制度不利于元朝的统治，加之统治者穷兵黩武，财政问题一直困扰着国家政局。而国家所采取的解决方法多是任用敛财之臣，增加赋税，这些措施非但没能解决财政问题的根本症结，反而引发了百姓的不满，起义不断。

作为一位深受儒家传统思想影响的官员，张养浩一心为国为民，无论是担任地方官还是朝廷大员，他都严于律己，刚正不阿，办事审案雷厉风行，被誉为一代好官。民国时期蔡东藩编撰《中国历代通俗演义》，在其中《元史通俗演义》一书就两次提到张养浩的事迹，赞扬他为官鞠躬尽瘁的精神。

正是出于张养浩的为官精神，加之他又目睹了元朝统治的黑暗和官吏的腐败，作为一个儒者和文人，他将自己为官从政的经验笔之于书，意在劝诫和忠告当时以及后世不同等级的官员要做好人、做好官，从而改变元朝动荡的社会时局。书名取“忠告”二字，可以看出张养浩态度之诚恳、期望之热烈。

对今人的启示

《三事忠告》虽然是封建时代官员所写的官箴著作，但其中蕴含的道理和思想于今天不无借鉴意义。

张养浩一生深受儒家思想影响，他关于个人自身修养的论述，也多以儒家思想为基础。儒家一直有着“内圣外王”的理念，并将修身作为一个人一生一以贯之的重要工作。

在《三事忠告》中，张养浩认为做官之人，要戒贪、爱民、省事、先劳、存恕、自责、礼贤下人，这样才能“确乎有所守，而不夺于势利”。他还认为，即将做官的人，要心存仁义礼智，并保有“浩然之气”，这是理想人格所不可缺少的内在素质。

那么，如何成为保有“浩然之气”的人呢？他提出了“反省内求”的观点，即要做到严以律己，宽以待人。《牧民忠告》的开篇就谈到了“省己”：“命下之日，则拊心自省。”张养浩认为平日里每个人注重修身，共事时就能诚心协作，一同渡过难关。

在“反省内求”的大方向上，张养浩认为要做到慎独慎思和博学力行。慎独慎思是反省内求的基本方法，特别是慎独不仅仅在于修身，若将其延伸到为官上，便可以从容公正地处理政事。慎独的同时，又多方求学，则会以“道德、政事名于天下”。

这种源自儒家道德的修身思想，对塑造理想人格具有重要的意义，如果我们加以批判地继承，对个人的自我完善和社会的道德建设都是有重要意义的。

张养浩认为做官首重自律，他有自己所奉行的自律标准：

> 夫所谓严，如处子之居室，一行一住，一语一嘿，必语礼法，厥德乃全。跬步有违，则人人得而訾之。

他还认为官员应该避免利用权势做事，如果官员利用职务之便贪赃枉法，广置田宅，纵容亲属犯罪，无休止地吃喝宴饮，就违反了为官的道义。因此，凡从政之人都要内省，做到“有则改之，无则加勉”，如此，整个国家的政治环境才会健康向上、良性运行。此外，张养浩还认为：

> 己劳则民逸，己逸则民劳，此必然之理也。惮一己之劳，而使阖境之民不靖，仁人君子其忍尔乎？

也就是说，从政应有“先劳”之心，凡事先于百姓去做，而且要兢兢业业，毫不懈怠。这是为政者应有的觉悟，也是为官的根本。

在选拔人才方面，张养浩有着自己的一套方法，他说：

> 询诸人则知之，察其行则知之，观所举则知之。

意思是，首先要通过咨询他人，让他人举荐各自所认为合适的人才，然后再观察推荐之人的德行和举荐他们的人，就会对这个人的才能和品质做出综合评价，如果符合标准的话，则可以任用。

在爱民方面，他认为为官不仅要有重视百姓生活的胸怀，更要采取切实的政策措施来保证百姓的利益不受侵害。如果每个官员都这样做，那么就可以实现天下大治。

同时，张养浩认为从政者特别是辅佐君王的宰辅，应该具有远见和应变的能力。他提出宰辅在平时就应该慎言慎行，见微知著，事事从大局出发，而且要反复周详考虑后，再向皇帝建言献策。如果遇到突发事情，首先要判断事情的真伪，再根据实际情况采取措施，做到有条不紊，忙而不乱。

张养浩说，同事之间“共署联事，一人努力而前，则余者皆当辅相以成其志。苟彼前我却，彼行我止，动焉而不相随，语焉而不相应，则事功之成者能几”？这是说和睦和协作的重要性。当然，共事之中难免有分歧，这就需要从政者有宽广的胸襟，遇事多做自我批评，做到“是则归人，非则归己；闻誉则归人，闻毁则归己”。如此上下一心，以礼相待，团结协作，必能事半功倍。

经典诵读：《三事忠告》选读

戒除贪欲

普天率土，生人无穷也，然受国宠灵而为民司牧者，能几何人？既受命以牧斯民矣，而不能守公廉之心，是自不爱也，宁不为世所诮耶？况一身之微，所享能几，厥心溪壑，适以自贼。一或罪及，上孤国恩，中贻亲辱，下使乡邻朋友蒙诟包羞，虽任累千金，不足以偿一夕缧绁之苦。与其戚于已败，曷若严于未然。嗟尔有官，所宜深戒。(《牧民忠告·拜贤》)

普天之下，百姓无数，然而能够受到朝廷的信任当上地方官的又有多少？既然受命来治理百姓，却不能一心为公，廉洁清明，这是不自爱的表现，怎能不被世人所耻笑呢？何况以一人的微薄之躯，又能享受多少荣华富贵，心是永远填不满的溪壑，贪欲是永远不能满足的，不加以控制，就等于自己毁灭自己。一旦贪贿，被查处判罪，对上有负国家的恩典，中会给亲友带来耻辱，下使乡邻朋友蒙受羞辱，虽然得到千金万银，也不足以抵消牢狱之苦。与其贪贿而身败名裂，不如从一开始就加强防范。所有的官员都应深深地记着这一点。

自律修身

士而律身，固不可以不严也。然有官守者，则当严于士焉；有言责者，又当严于有官守者焉。盖执法之臣，将以纠奸绳恶，以肃中外，以正纪纲，自律不严，何以服众？夫所谓严，如处子之居室，一行一住，一语一嘿，必语礼法，厥德乃全。（《风宪忠告·自律》）

读书人应该严格自律。而那些有官位职守的人，在自律方面应该比一般的读书人还严格；那些负有进言劝谏职责的官员，又应该比有官位职守的人更严格。执掌法令的官员，职责是纠弹奸邪、制裁恶人，这样才能整肃朝廷内外，纠正法度纲纪，如果连自律都做不到，还怎么让其他人信服呢？这里所说的“严”，就好像未出嫁的女子在屋子里的行为一样，走路或是站立，说话或是沉默，都要遵守礼法，这样才能使道德完备。

善于用贤

天子之职，莫重择相；宰相之职，莫重用贤。……为国家而不众贤之集，相臣虽才，国不治矣。彼为相者，诚能开诚布公，廓焉无我，己有不能，举能者而用之；己有不知，举知者而用之；己有不敢言，举敢言者而用之。如是则彼之所能皆我有矣。必欲一身而兼众人

之事，虽大圣大贤有所不能。(《庙堂忠告·用贤》)

天子的职责，最重要的莫过于选择宰相；宰相的职责，最重要的莫过于任用贤能之人。……为国家做事而不能集中贤人的力量，就算宰相很有才能，国家也不会得到很好的治理。那些做宰相的人，如果能做到坦率诚恳，心胸宽阔到无我的境界，自己有做不了的事情，就推荐任用能做到的人；自己有不明白的地方，就要推荐任用知道如何做的人；自己做不到直言敢谏，就要推荐任用那些敢于直谏的人。这样就能让有才能的人都为朝廷所用了。如果一定要以一人的力量去做所有的事情，就算是圣贤也是做不到的。

十四 《纲鉴易知录》：《资治通鉴》的精华版和扩充版

这部书为什么取名《纲鉴易知录》

《纲鉴易知录》是清代学者吴乘权与周之炯、周之灿三人合编的一部简明中国通史著作。由于吴乘权编过《古文观止》，名声很大，因此著者一般只提及他一个人。

谈到书名的来历，还要从宋代说起。北宋司马光穷其毕生之力编了《资治通鉴》一书，这是一部编年体通史著作，记事从战国时期到五代，共二百九十四卷。司马光编写这部书的目的，是“鉴前世之兴衰，考当今之得失”。可是这部书内容实在太多了，读起来很吃力，据司马光本人描述，书成之后，只有他的朋友王胜之看过一遍，其他的人只翻几页，便哈欠连连，萌生睡意。因此，书中总结出来的“经验教训”，也就不容易被读者所领会。南宋时，朱熹看到了《资治通鉴》“有资于治道”的作用，也发现了这部书卷帙浩繁的弱点，便以此书为依据，编成《资治通鉴纲目》一书。全书只有五十九卷，这比起《资治通鉴》原书来，内容大大地压缩了，而且纲举目张、条理清晰，为统治者提供的经验教训更加明了，同时也让史书编纂出现了一种新的体裁——纲目体。

此后，很多人便开始用纲目体编写新的史书。像明朝由朝廷主持编成了《续资治通鉴纲目》，叙宋、元二朝事，以接续朱熹的《资治通鉴纲目》。私人著书的则更多，重要者有王凤洲的《历朝纲鉴会纂》、袁了凡的《历史纲鉴补》和顾锡畴的《纲鉴正史约》等。

《纲鉴易知录》就是在纲目体史书十分盛行的清初时期编成的。书名借鉴了此前同类性质的著作，“纲鉴”二字，是从“纲目”和“通鉴”中各取一字组合而成，这就向读者表明此书是用纲目体编写，内容主要取材于“通鉴类”著作，目的在于使读者从历史中总结经验、汲取教训。而“易知录”三字则是针对此书特点而言，即贯通古今、简明易读，颇便于有志于了解历史的初学者学习。

吴乘权等人为什么要编这样一部书

编《纲鉴易知录》的目的，据吴乘权讲主要有两方面。

首先，吴乘权一生喜读史书，但发现史书包罗万象、晦涩难懂。在他看来，传统史书中包含了经学、诸子和丰富的地理知识，如果想读懂，牢固的经学根基、丰富的诸子知识和游历经验，三者缺一不可，但这对于患足疾又无心六经、诸子的吴氏来说，一部史书未能读完就已经厌倦了。事实上，联系到吴氏编撰流传甚广的文选著作《古文观止》来看，他无论在经学、子学还是地理方面，都有着很高的素养。他的这一感受，是以谦虚的说法，借自己的口道出了传统史学普遍存在的问题，即因内容艰深难懂而不适合普通大众的口味，不便于历史知识的广泛传播。

其次，史书的晦涩难懂，是就其内容而言的；就数量而言，则是卷帙浩繁，难以通读。吴乘权曾谦虚地说自己无法通读史书是因为自己笨拙。可事实上，中国的史籍汗牛充栋，确实存在“皓首却难以穷尽”的问题，因此吴乘权感叹：“《通鉴》固须全读，但卷帙太烦，岂能一概记诵？”

正是基于对古代传统史学的切身体会和深刻认识，吴乘权等人决定编撰一部简约通俗、便于普及的通史著作。有人说，中国史书，最古老的是《尚书》，最伟大的是《史记》，最浩瀚的是《资治通鉴》，最简明易懂的是《纲鉴易知录》。《尚书》《史记》《资治通鉴》鼎鼎大名，《纲鉴易知录》能与它们并立于中华史书典藏大作之列，其特点“简明易懂”可以想见。这也证明吴乘权等人最初的编撰目的已经达到了。

为什么能得到后世的肯定和推崇

《纲鉴易知录》历时六个寒暑始告完成，刊行之后即受到广泛的好评，风行天下，有多种版本存世。

曾任毛泽东同志秘书的李锐在一篇文章中提到，毛泽东在韶山东茅塘私塾读书的时候，私塾老师就曾让他点读《纲鉴易知录》。这是少年毛泽东读的第一本中国通史著作，不仅使他获得了较为系统的中国历史知识，更让他从此热爱上了历史。后来，毛泽东还多次指示党的高级干部学习历史知识和阅读此书。此外，据多位民国学者回忆，他们少年时期在学堂或者私塾里使用的历史启蒙教材，也都是这部《纲鉴易知录》。

那么，此书为什么能成为一部颇为流行又“雅俗共赏”的史学读物呢？

首先，纲举目张，繁简得体。《纲鉴易知录》是以纲目体编辑而成，所谓纲是用提纲挈领的话表明对某一事件或人物的看法，所谓目是用简明的文字阐述事件或人物的情节。这种史书体裁是最便于普及历史知识的，眉目清楚，给人一目了然之感。特别是本书编者在纲、目之外还加了眉批，起到小标题的作用，是为点睛之笔。“纲”“目”“眉批”三者相辅相成，既详备了记事要素，又可使阅读在繁简之间游刃有余，灵活中不失严谨。

其次，贯通古今，浑然一体。《纲鉴易知录》是一部通史著作，全书按照帝王在位的年限编年，记载了我国从盘古开天地的传说时代到明末数千年的历史。加之编者高超的文字处理功底，全书线索清晰、层次分明，史实记述详略得当，虽未加雕饰，却也鲜活生动，读来一幕幕历史如在眼前。

再次，剪裁精当，叙事明了。《纲鉴易知录》一百零七卷，由《通鉴外纪》《通鉴前编》《资治通鉴纲目》《宋元通鉴纲目》《明史纪事本末》五部书，共二百零二卷删削而成，仅从卷数来看，其剪裁精当已可知一二。此外，正如编者所说：“观史之不欲，论史之不明，非尽天资迟钝，庸师误人，亦由编辑成书者引导无方而致然也。”可谓切中一般史书编纂之失。因此在编这部书时，编者就尽量避开这方面的缺点，剪裁并非随意，全书虽只一百零七卷，但书中大事不遗、叙事明了，重要历史事件和历史人物的重大活动，都一一记载清楚。

最后，重典故解释，便于普及。一部记载两千多年历史的经典读物，其中包括了经学、典故、地理、典章制度等多方面的知识，这不免造成内容的晦涩难懂。为避免这一弊病，编者对症下药，对书中的典故和典制进行解释和补充，对古地名也一一检核，并用清代的地名和方位进行注释，遇到难读难解的文字时，也加以注音和解释。这种做法颇便初学者，使其不必亲历山川、经纶满腹，读毕此书，便可知天下事。

由此可见，《纲鉴易知录》确是一部简明扼要的普及性历史读物。它对于数千年的中华古史，对于浩如烟海的众多史籍，不失为一把入门的钥匙、一个登堂的阶梯。

现代价值

《纲鉴易知录》称得上是《资治通鉴》的精华版和扩充版，被誉为清代人编写的《中国上下五千年》。今天，我们读这部书，可以有如下收获。

首先，历史既是个丰富的宝库，又是面忠实的镜子。通过学习书中历朝历代经济、政治、军事的实践以及国家的施政方略，我们可以更好地总结经验，研究问题，把握规律，以为今用，这正是这部书中“鉴”字的内涵。如《纲鉴易知录·唐纪》中记述，“唐初行开元通宝钱，径八分，积十钱重一两”，这正是由于唐初的统治者总结教训，认识到过去的“钱币滥薄”“民间不胜其弊”，于是让百姓所用的开元通宝钱币“轻重大小最为折中，远近便之”，从而促进了经济的日趋稳定与发展。

其次，书中历史人物的爱国主义情怀、艰苦奋斗精神、清正廉洁的品质等，会鞭策、激励今人自强不息、奋发有为。如《纲鉴易知录·南宋纪》中记述抗金名将岳飞的名言：“金虏未灭，何以家为”“文臣不爱钱，武臣不惜死，天下太平矣”，岳飞的铮铮铁骨、拳拳忠心，跃然纸上，令人钦佩。

最后，这部繁简适度、明晰易懂的通史著作会激发读者学习并深入研究历史的兴趣，进一步阅读其他经典史书，或解决疑问，或充实所学，或考证史实，从而一步步学好历史、用好历史。

当然，在肯定此书价值的同时，阅读时也要注意其中的弊端。比如，考证失当，偏信臆说。书中关于靖难之役史事的记载，并无确凿史料作支撑，反而是以讹传讹，真实性大打折扣。又如，书中关于民生日用的内容记载较少，至于民生疾苦，记载更是少之甚少。再如，书中对于农民战争的态度完全受阶级局限，站在统治阶级的立场上，将其说成是“倡乱”“盗起”。

然而，瑕不掩瑜，《纲鉴易知录》可以看作是学习和研究中国古代史的入门书。编撰者经过有意拣择安排，使得全书系统而不乏生动、平实又常含曲折，在历史故事起伏中传播历史知识，在人物命运跌宕中展示道德情操。至于书中的一些问题，只要我们加以明辨，去其糟粕，取其精华，是可以达到以史鉴今的目的的。

经典诵读：《纲鉴易知录》选读

除秦苛法　约法三章

【纲】沛公入咸阳，还军霸上，除秦苛法。

【目】沛公西入咸阳，诸将皆争取金帛财物；萧何独先入收丞相府图籍藏之，以此得具知天下阨塞、户口多少、强弱之处。沛公见秦宫室、帷帐、宝货、妇女，欲留居之。樊哙谏曰：“凡此奢丽之物，皆秦所以亡也，公何用焉！愿急还霸上，无留宫中！”不听。张良曰：“秦为无道，故公得至此。夫为天下除残贼，宜缟素为资。今始入秦，即安其乐，此所谓‘助桀为虐’。且忠言逆耳利于行，毒药苦口利于病，愿听哙言！”公乃还军霸上。悉召父老豪杰谓曰：“父老苦秦苛法久矣！诸侯约，先入关者王之；吾当王关中。与父老约，法三章耳：杀人者死，伤人及盗抵罪。余悉除去。凡吾所以来，为父老除害，非有所侵暴，毋恐！”乃使人与秦吏行县、乡、邑，告谕之。秦民大喜。惟恐沛公不为秦王。

【纲】刘邦率军队进入秦都咸阳，后又回军霸上，并废除了秦朝严酷的法律。

【目】刘邦率军向西进入咸阳，他的部将争先恐后地掠夺金银、布帛等财物，唯独萧何先入秦丞相府收取地图、户籍等档案，并将其藏好，借此可以全面掌握天下的山川要塞、户口的多少及各地力量的强弱。刘邦看到秦王朝富丽堂皇的宫室、五彩的帷帐、贵重的宝器和宫女，便想留在宫中居住。樊哙劝谏说："这些奢侈华丽之物，都是导致秦朝覆灭的东西，您要它们有什么用！希望您尽快返回霸上，不要留在宫里！"刘邦不听。张良进一步劝说："秦朝因为奢侈无道，您才能够来到这里。为天下人铲除残暴之贼，应当以清白俭朴为本。现在您刚刚进入秦的都城，就要安享其乐，这就是'助桀为虐'了。况且忠言逆耳利于行，良药苦口利于病，望您能听取樊哙的劝告！"刘邦于是率军返回霸上。刘邦将当地的父老和有声望的人都召集起来，对他们说："父老乡亲遭受秦朝严刑苛法的迫害已经很久了！诸侯们曾约定，先入关中的人为王；据此我就应该在关中称王了。现在我与父老们约法三章：杀人者处死，伤人者和抢劫者接受应有的惩处。秦朝的苛法一律废除。我之所以到这里来，是为了替父老们除害，不会对你们有所侵扰和伤害，请你们不必害怕！"随即派人和秦朝的官吏一起巡行各县、乡、城镇，向人们讲明道理。秦地的百姓欢喜异常，唯恐刘邦不在秦地称王。